柿子在秋天火紅｜文化在書中成熟

漫步台灣 | 台灣漫步

台灣百年小學故事

聆聽五十六所百年老校的童年往事

走過百年的小學，走過百年的台灣

台灣最古老的一批小學，大概前些日子都在歡度一百歲的生日呢！這說長不長的一百年，台灣的社會卻已歷經巨大的變化。

從學校來說，百年前的孩子們，大部分都不在學校的「管轄」範圍之內，蓋得漂漂亮亮，有寬闊操場、漂亮花圃與新式廁所的「學校」，對當時的台灣人而言，還是陌生而新鮮的新玩意。然而，隨著時代進步，漸漸的學校變成我們每個人生活的一部分，在校園老樹與紅磚校舍中穿梭的小學生活，幾乎成為現代台灣人的共同回憶。

台灣史的研究，在這十年來有長足的進展，教育史的研究也有不少的成果累積，然而，學院裡的學術研究成果，畢竟無法很快的散佈到社會上，形成廣大人民的歷史經驗；因此，帶著歷史意識撰寫的一般性文化讀物，相信對於社會大眾的歷史認識之形成，會有一定的正面作用。透過本書，這些留存在全台各地百年小學的古物新舍，彷彿訴說著一百年來的學校歷史，也傳唱著一百年來的台灣歷史。

現在，就讓我們一起來傾聽台灣百年小學故事吧！

台灣大學副教授

吳密察

閱讀百年黌宮

台灣的小學遍佈全島的山之巔、海之角，幾乎只要有人跡之處，就有學校的誕生。許多人和我的一樣，總把自家附近的小學當成一座舒適的社區公園，在下午、黃昏時分，來此散步休憩、做做運動，或是帶著孩子嬉戲遊玩。小學校園裡綠樹成蔭、鳥聲啁啾，恬靜中帶著些許童趣；這令人放鬆心情的好地方，卻少有人知道；有些學校已經悄悄走過了一世紀的漫漫長路。

台灣島上建校超過百年的小學，已有將近兩百所，在這些百年小學之中，有許多值得讓人一探究竟的史蹟文物，以及側耳傾聽的校史軼事，例如：台中清水國小有座國家三級古蹟的懷舊紅磚校舍；新竹北埔國小的安部校長紀念碑，訴說著一段日治動盪時期的感人故事；八卦山下的中山國小裡，竟然孕育了三位台灣文學之星；台北蘆洲國小的水池邊，曾遺留著一代歌后鄧麗君的身影……

《台灣百年小學故事》是一本雅俗共賞、圖文俱佳的文化好書，書中搜羅百歲校園中的歷史傳奇，並以旅行者的腳步，帶領您看見小學校園的滄桑之美，在閱讀百年黌宮的人文故事之餘，也讓人對台灣的教育之路，有著更深一層的體悟。

細細讀完這本書，相信你內心也會泛起一陣感動——原來「校園遍地有歷史，生命何處無故事」，我誠摯的向你推薦這本書！

暨南大學教授

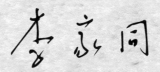

美麗的邂逅

是誰……曾在老教室的迴廊間奔跑？

是誰……又在大樹下玩著躲貓貓？

何處有美麗的校園古蹟？哪所小學裡藏著難得一見的瑰寶？悠悠校史中又有那些被歷史塵封的人物傳說？最初，只是為了找尋被大多數人遺忘的童年校園，因此開始穿梭在全台建校百年的小學校園中進行田野採訪，沒想到獲得的卻比我們預想的多更多；終於我們了解，小學並不只是一個傳道、授業、解惑之所，也是歷史長河裡的時代之舟。

還記得曾為了一窺隱藏在校園深處的石碑，在寸步難行的大雨中，行走在泥濘的山間小路；也曾為了找尋深埋於歷史中的過往回憶，在滿是塵埃的校史檔案室裡，與堆積如山的文件奮戰，直到眼界與心靈逐漸開闊與清朗，因為，我們發現許多小學裡竟然蘊藏著豐富的人文遺事，兀自挺立在校園深處中，曖曖含光。在台北太平國小，我們看見了雕塑大師——黃土水的石刻傑作；在新竹峨嵋國小，聽到了第一才子——呂赫若與山村孩童的鄉情趣事；在台中大同國小的校舍裡，領受了日本貴族的氣派華麗；在嘉義崇文國小的校史冊上，遇見了台灣西畫第一人的悲愴身影……

於是《台灣百年小學故事》誕生了！

　　自1895年，芝山岩學堂成立至今，全台已有近二百所超過百年的小學，每所百年小學皆擁有輝煌的過往足跡，但令人感慨的是，歷經戰火與政治變遷，百歲校園在時代浪潮的襲捲下，大多呈現「光鮮」與「亮麗」的新容貌，因此我們僅能就當今依然擁有歷史古蹟或校史文物收藏甚豐，以及校園裡流傳著名人逸事的小學，做重點式的介紹。依此，對於許多遺珠之校無法盡列，我們也深感遺憾與不捨。

　　此外，在編輯的過程中，感謝許多學校和相關人士，熱心的提供協助及指導，在此向他們致上最誠摯的謝意。對於本書中所刊載的老照片，編輯小組已盡可能的詳察並標出著作所有人與提供者芳名，但難免仍會有未盡周詳之處，若有誤植或疏漏，歡迎與我們聯絡指正，我們將於再版時予以修訂與彌補。

　　最後期待您翻開此書時，恍如隨著每所校園的韻律脈動，走過漫長世紀，深嗅歲月芬芳，並能用深邃的眼光去欣賞周遭的文化；因為或許在你純真年代的操場角落裡，就隱藏著古老的故事，正等待著與你進行一場——美麗的邂逅！

台灣百年小學故事

聆聽五十六所百年老校的童年往事

秋收 【中台灣】

冬藏 【南台灣】

春耕

【台北與東部】

春天裡萬物滋長　大地一片新綠

枝梢上長出了嫩葉　衝破凍土的種籽探出頭來

猶記得百餘年前

知識洪濤緩緩拍向　山脈環繞台北盆地

在這島嶼首善之區　教育在城郊發出新芽

學習之河緩緩流盪……

風起雲湧芝山岩

趕著路，驀然發現叢山的秀美，青翠欲滴，欲染。
我所趕著的路，處處砂礫，風塵嗚咽。

──詩人　楊雲萍〈道〉

（註：日治末期，八芝蘭公學校校友楊雲萍，從台北回士林途中遇空襲警報。）

靜靜隱身於熙來攘往的台北商業鬧區之中，圍牆上裝飾著孩子們充滿童趣的壁畫，常常在趕赴市區的途中經過它；如果不是為了追尋百年歲月的蹤跡，讓人幾乎忘了，這兒曾是老母親小時候念過的學校，而且，也是全台灣第一所小學──士林國小。

全台首學

士林，寄寓著老一輩人希望它「士子如林」的期待；曾經，此地林木蔥蘢，盛產蘭花，北方有溫熱的泉水從地面汩汩流出，凱達格蘭族人一見，叫它「八芝蘭」，也就是「溫泉」的意思。早年的士林，最著名的風景名勝是「圓山仔」，清代來到這裡開墾的漳州人覺得它像極了故鄉的「芝山」，「芝山岩」的名稱就是這麼來的。以這座不起眼的小山丘為起點，台灣的小學教育由此展開了漫漫長征的旅程。

🅐 台灣第一所小學──士林國小的老校門。
🅑 士林國小的首任校長伊澤修二。

西元1895年（明治二十八年），清廷甲午戰敗，與日本簽訂馬關條約，台灣從此成為日本第一塊海外殖民地，為了將之打造成日後治理殖民地的範本，日本政府殫精竭慮，首要方針便是「同化政策」——試圖讓殖民的台灣人，變成與本土國民並無二致的天皇子民。而語言是同化政策中最重要的環節，因此「國語（日語）教育」也就成了台灣總督府極為重視的施政目標。就在馬關條約簽訂的這一年，總督府學務部長伊澤修二選擇在台北郊外芝山岩上的惠濟宮，設置「芝山岩學堂」，由他擔任學堂的首任校長；三年後，總督府頒布〈台灣公學校規則〉，學堂變成了「八芝蘭公學校」；當原來的地名「八芝蘭」在1901年為「士林」所取代，學校的名字自然跟著改為「士林公學校」。過了三年，上課地點搬到山腳下，也就是現在的校址所在，直到今日。

日治時代的士林芝山岩——台灣小學教育的起點。
蓊鬱蒼翠的士林國小校園。

日籍教師殉難

「同化教育」是台灣近代史中一個不容易蓋棺論定的課題，史家都有各自的詮釋、解讀；然而，退回到一個世紀之前，那時的台灣人，怎麼面對恩威並濟的異族統治者？怎樣回應被強制實施的語言教育？講到這，就不能不提芝山岩學堂成立後所發生的「六氏先生殉難事件」，亦即「芝山岩事件」。

所謂的「六氏先生」，是指六位跟隨伊澤修二來台建學的日籍老師，也是第一批來到芝山岩學堂的任教者。他們大都畢業於東京師範學校，也許身為教育者，受到使命感的驅

使，令其接受政府徵召，來台擔當日本教育的開路先鋒。起初，對日本人疑懼猶存的台灣民眾，自然不願輕易讓子弟接受日式教育，六位老師費盡九牛二虎之力，好不容易才招收了六名學生。據說，為了鼓勵學生學日文，他們每人每月都提供「四圓」錢幣作為獎勵；在那個貧窮的年代，「一錢」就已經不得了，遑論四圓。而此舉也果然提高了當地民眾的學習意願，開始熱中於前往學堂聽課，大家都以為老師的書箱裡一定裝滿了糖果和銅錢呢！

芝山岩事件中遇難的六位日籍教師之遺照。

西元1896年元旦，六位日籍老師一早下山，準備搭船到台灣總督府慶祝新年，不料竟遇上台人抗日軍襲擊台北的武裝暴動，六人只好另做打算，返回芝山岩，卻不幸在途中遭到當地人殺害。其實，六氏先生遇害的真正原因，一直以來都眾說紛紜，兇手的身分也同樣曖昧不明，有人說他們是強盜土匪，也有人說是抗日義民。無論如何，這個事件都對日本在台灣的殖民治理形成高度威脅，為了穩定統治權威，台灣總督府立刻對士林民眾採取武力鎮壓，因此造成許多百姓無辜犧牲。

雜草林裡的功績

另一方面，為了使招募日籍老師來台的工作不受影響，有效落實「國語教育」，「芝山岩事件」被執政者詮釋為日本教育者高貴情操的彰顯，以強調六位教師犧牲奉獻的精神——芝山岩精神。稍後，內閣總理大臣伊藤博文親自撰寫了學務官僚遭難紀念碑之碑文，於同年7月1日立碑紀念，並且規定自1898年開始，每年的2月1日都要在芝山岩舉行盛大祭典。1930年，更大肆興建芝山岩神社，供奉六氏先生，還有在台灣身故的日籍教育工作

者，以及所有對台灣教育有貢獻的人。從那時起，芝山岩就成為日治時代台灣的教育聖地，山頭上，刻著日本教師姓名的石碑也愈來愈多。

不過，二次大戰後不久，國府遷台，神社就被拆毀了，六氏先生的墓碑、學務官僚遭難之碑，以及為數不少的碑林，也難逃被人搗毀丟棄的命運。近年來，由於地方文史工作室的蓬勃興起，在士林國小慶祝百歲生日時，熱心的校友們及地方文史工作者匯集了許多鄉土史料，才又撥開了荒蕪傾頹的雜草山林，讓這段斑駁泛黃的史頁重見天日。

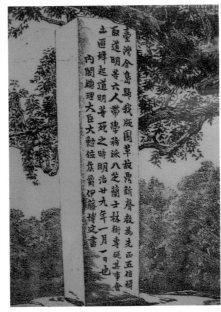

 重新豎起的「學務官僚遭難碑」仍遭到反日人士的破壞。
日治時代「學務官僚遭難碑」的版畫。

校園耆老壓箱寶

暫時撇開歷史的恩恩怨怨吧！除了可歌可泣的老故事之外，這校園裡的「老東西」可是也會讓人眼花撩亂的喔！唯有如此，才能突顯它大哥大的地位嘛！

位於中庭操場上，那一座1916年興建的大禮堂，是不容錯過的「校園耆老」。這座禮堂灰瓦白牆，造型優雅，牆面凸出的柱列，有著西洋現代主義風格，而兩側連拱開窗及對稱的立面設計，則保留了古典主義樣式。白色的外牆、深色的拱圈加上厚實的外牆，有如西方教堂，流露寧靜而清幽的氣息，但昔日的格局空間，如今早就容納不下現今的學童人數，所以已經改為圖書館使用。

每個回到母校進行舊日巡禮的士林校友們，都一定要和這個「老朋友」合影留念。一位日籍校友的兒子，曾經不遠千里，遠渡重洋而來，捧著父親的遺照站在禮堂前留影，只為了完成父親生前的遺願。透過這幅令人動容的畫面，不難揣想，當年的大禮堂與孩子們的深厚情誼。如今，走過八十多年歲月的老禮堂，仍是許多士林人最重要的校園記憶。

除此之外，士林國小還有一件價值不斐的「壓箱寶」——1896年，日本畫家淺井忠繪

製的〈湯島聖堂大成殿〉。淺井忠乃是日本西畫的先驅，再加上歷史悠久，粗估此畫目前應有高達上億的身價。在淺井忠逝世九十週年時（1998年），日本京都國立近代美術館舉辦了「淺井忠展」，就曾向士林國小商借這幅畫作展出；當時日方還為畫作投保了八千萬元保險，可見其慎重的態度，由此也不難估量作品的藝術地位。

西元1895年當伊澤修二即將動身前來台灣時，東京師範學校校友會集資請淺井忠創作了這幅〈湯島聖堂大成殿〉，祝福他興學成功。畫作的主題──日本湯島聖堂的大成殿，是1690年由第五代德川將軍綱吉所建造的，最初這裡是講授、傳播孔孟儒學和祭祀孔子的場所。大成殿中所供奉的孔子像，為明代遺臣朱舜水從中國攜往日本，到了18世紀後期，德川幕府所統管的中心學校──昌平坂學問所設立於此，成為德川幕府學術文教重鎮。明治時代初期，日本文部省、國立博物館、東京師範學校（今筑波大學），以及東京女子師範學校（今御茶水女子大學）也都陸續在這裡成立，因此，它可以說是日本近代教育的發祥地。東京師範學校校友會將以「湯島聖堂大成殿」為主題的畫作送給伊澤修二，其用意不言而喻。雖然是頂級文物，不過，由於牽涉到專業的藝術保存環境，還有安全的考量，目前士林國小已將畫作暫交台北市立美術館保管典藏。

誰是淺井忠？

淺井忠（1856~1907），日本第一批著名西畫家之一，開創台灣美術運動的日籍大師石川欽一郎便是他的門下高徒。淺井忠曾留學法國，回國後，擔任京都高等工藝學校教授，並加入關西美術畫會，使該會變得更受矚目。當時淺井忠把住家畫分一處角落，充作西洋畫研究所來指導後進，後來成為「京都聖護院洋畫研究所」；1906年，更發展為「關西美術學校」，由淺井忠出任校長。士林國小所收藏的曠世鉅作──〈湯島聖堂大成殿〉，由於該殿於關東大震毀於一旦，加上淺井忠作品極難尋見，因而更顯珍貴。

身為全台第一所小學，士林國小校史館內收藏了數量驚人的重要文物——學校的第一架鋼琴、校史沿革誌、校門演變的油畫及照片、學區變遷圖、校舍變遷平面圖、校旗和校徽，另外還有許許多多的古老教具。其中最珍貴的是六氏先生的合照，極可能是目前僅存的海內孤本；另外，還有芝山岩學堂時期的畢業證書，這肯定是全台首張。

● 日治時代的「故恩師碑」埋沒在荒煙蔓草間。
● 士林國小一路走來，見證了台灣初等教育的發展。

永恆校園

　　輝煌顯赫的過往，如果沒有妥善用心保存，那就太可惜了！除了典藏名畫之外，士林校方還將八芝蘭公學校時代的校門保留下來，遷立於圖書館的長廊前，甚至把歷年來豎立在校園內的所有石碑，都集中起來規劃成「校史碑林區」；並且建造了一座由芝山岩學堂、八芝蘭公學校到士林國小，篳路藍縷的校史沿革園景，讓孩子們在遊憩之時，也能跟著前人的步伐，一步一腳印把學校曾有的燦爛銘刻在心頭。

　　六氏先生究竟是殖民者，還是對台灣有所貢獻的教育家？走在芝山岩公園的石梯上，歷史的功過思辯與順著熱氣而流淌的汗水僵持不下；放眼望去，台北盆地籠罩在溫熱的春陽中。這個思索，大概會是台灣人永恆的詰問吧！

校園記事簿

西元1895年　全台灣第一所小學「芝山岩學堂」在台北芝山岩惠濟宮開張囉！
西元1896年　元旦時，學校的六位老師遇害，總督府派人來抓兇手，嚇壞了好多人。
西元1907年　我們有校歌了！歌詞是台灣神社的祭司山口透先生作的。
西元1911年　這一年士林街上裝自來水，從此我們都有自來水可以用。
西元1938年　學校在網球場旁邊蓋了一座相撲場，從此大家都要學相撲。
西元1949年　從大陸過來的舟山部隊借住我們學校，所以全校停課四個多月，而且總統蔣中正還特地搭直升機來學校慰問他們。
西元1996年　我們學校可是全台第一個過百歲生日的小學喔！

蓮花池畔 學海無涯

學知不足，教知困；自反自強，古人云功可相長也。
海祭於後，河祭先；或源或委，君子曰本其當務之。

——學海書院掌教 陳維英

日本東京上野公園附近的九段坂，有一座「靖國神社」，在這個神社裡，供奉著二次大戰時為日本捐軀的英靈。在眾多犧牲者當中，「平野勝則」這個名字其實不是太特別，但是，假如你知道，「他」的真實身分乃是原本任教於台北老松國小的陳學堯老師，或許感受就截然不同了。

台籍老師的悲情

二次大戰期間，出於軍事占領地的需要，日軍徵調了許多通曉中文的台籍教師前往中國擔任翻譯官，也就是所謂的「囑託」；除了陳學堯之外，台北的太平、東園等學校也都有老師奉派「出征」。太平洋戰爭爆發後，陳學堯被迫加入海軍；1944年，其所乘軍艦在香港附近海域遭美軍魚雷擊中，艦上官兵不分台籍、日籍，盡皆沉沒海底。在那個錯綜複雜的歷史時空裡，無數台灣人帶著「不知為誰而戰」的問號踏上征途，客死異鄉。陳學堯老師雖然不是唯一的一

🔵 陳學堯老師遺照。
🔴 清代的「艋舺蓮花池」據說就位於老松國小現址。
🔴 學海書院——台北第一間書院，這裡同時也是老松國小的誕生地。

個，但對於老松國小，想來應是難以承受的永恆沉重。

全台第二所學堂

座落在歷史悠久的萬華區，老松國小也和許多老學校一樣，有過「寄人籬下」的境遇。一個世紀以前的艋舺，不但是商業中心，更是文教重鎮。1843年，當時的淡水廳同知——曹謹捐出自己的薪俸，建蓋了台北城裡第一座書院，原名「文甲」，後改「學海」。台北大龍峒碩儒陳維英於1864年出掌書院，為此地的鼎盛文風再添一筆佳話。

日治時代，學海的書院機能消失而歸官方所有，繼芝山岩學堂之後，全台第二所新式教育機構「台

🔺 日治時代老松設有校內神社。

🔻 日治時代理科（自然科）的實驗課上課情形。

◀ 老松是全台設立的第二所小學。

灣總督府國語學校第二附屬學校」於1896年5月在學海書院展開始業式。以「附屬學校」稱之，乃因這是國語學校師範部學生教學實習的專門實驗學校（類似現在的「師院實小」），兩年之後隨著〈台灣公學校規則〉的實施，附屬學校進行廢校或合併，它從「第二」變成「第一」，並在1905年時改稱「艋舺公學校」。幾度輾轉流離，公學校始終居無定所，直到1907年，才在蓮花池街與八甲街街廓上覓得了一個穩當的家園——這裡就是後來的

「太古巢」主人——陳維英

陳維英（1811~1869），字實之，號迂谷，台北市大龍峒人，乃咸豐年間北台第一名儒。二十五歲後發憤苦讀，舉「孝廉方正」。1859 年，中舉人，擔任福建省閩縣教諭；其後曾任職內閣中書。辭官返台後，任宜蘭仰山書院與台北學海書院掌教，作育英才，地方人士尊為「老師」。晚年於圓山附近築太古巢，讀書自娛。後人編纂「太古巢聯集」，其題太古巢有對聯曰：「三頓飯，數杯茗，一爐香，萬卷書，何必向塵寰外求真仙佛。曉露花，午風竹，晚山霞，夜江月，都於無字句處寓大文章。」

「老松町」，1922年，學校改稱「老松」，即緣於此一地名。

世界之冠

說到老松，很多人都會想起它的「世界之冠」──全世界學生人數最多的小學，據說曾經出現過「11110」這個數字的輝煌紀錄！這一方面固然是由於它位於台北的首善之區，而另一個更為「實際」的因素，則是拜其優異的高升學率所賜，尤其是在那個競爭激烈的「初中聯考時代」，許多家長就算擠破頭也要想盡辦法將戶籍遷入學區內，深恐孩子錯失任何一個升學的可能。

然而隨著九年國教的實施，外地學子不再需要捨近求遠，奔波費時。近年來小班小校的轉型呼聲，也使得師生人數銳減，但精緻辦學的教育理念，使老師和學生的互動與溝通都更為密切，無論是生活教育的陶冶，或是思考判斷的訓練，相較於過去動輒上萬人的「盛況」，相信現在老松的孩子在校園裡飛奔跳躍時，感覺一定更為自由自在！

東棟教室是老松國小校園中最古老的建築。

老松國小一直是萬華地區的「明星小學」。

剝皮寮的春天

從一萬多位學生減少為一千多位，照理說，空間也會相對顯得寬闊些，增加校地的需求自然應該降低。這番「合理的推測」，正是近十幾年來老松國小試圖收回校園預定「剝皮寮」時，所遭遇到的最強烈質疑。

位於學校後方的「剝皮寮」，路牌上寫著「台北市康定路一百七十三巷」，它是早期艋

話說剝皮寮

萬華康定路173巷的剝皮寮老街，在日治時代被劃為老松國小預定用地，因長期限建使得此一清代漢人的古老街道得以保留。這排老房子在清代時，曾是北台最重要的軍事基地─清末唐景崧遊行起點，更是台北市的發源地。然而台北市教育局自1988年起，開始強制徵收土地，居民自組委員會，試圖保存這條涵融歷史意義的老街，最後在市府「留屋不留人」的決定下，老街就此在鐵皮圍籬下，等待天明。

艋舺對外的重要通道之一，也是萬華區唯一現存的清代老街。這裡有台北第一家眼鏡行「三光眼鏡」、全台灣第一家印刷廠「太陽製本所」、台灣第一位醫學博

日治學藝會的舞台劇表演。
昔日的剝皮寮曾是艋舺第一街。

士杜聰明住過的「呂阿昌醫生館」、還有歷史悠久的「秀英茶室」。至於商旅在此停留、補貨時，剝的到底是「杉木皮」還是「獸皮」呢？答案可就見仁見智了。

二〇年代，日本政府實施「市區改正」計畫，將本段道路劃歸為老松國小校地，禁止增建，因而使其仍完整保留著初期開發時的空間特色。到了八〇年代末期，為了擴建老松國小，台北市政府展開強制徵收的措施，剝皮寮的居民與文化工作者也組成自救會全力抗爭；但纏繞了十餘年「文化保存」和「土地開發」的爭議，最後還是在市府「留屋不留人」的決定下，迫使居民們搬離了居住少則三代、多則七代的剝皮寮。

在拆遷三、四年之後，再來到彩繪鐵皮和藝術圍籬林立的老街，看不到雕樑畫棟、精緻洋樓，只有斷垣殘壁中的雜草叢生，更無法想像，唐景崧所領導的「台灣民主國」曾以此為據點，進行一場聲嘶力竭的抗日大遊行。昔日的艋舺第一街，如今是一片蕭條、荒涼、沉默，但這樣的場景卻十分撼人，似乎隱喻著萬華昔日榮光的殞落。不過，對於文化保存很有概念的老松國小早已開始著手規劃，希望在不久的將來，能讓經過悉心修復的老街建物成為老松國小的鄉土教室，以及融合在文化、傳統產業的保存中心，用輕巧靈動的方式使文化得以永續，並且進一步活絡萬華社區的生命力。

帶動社區復興

古蹟的活化再利用，一向是件不容易的挑戰，圍牆外的剝皮寮如此，圍牆內的老校舍亦然。老松國小的校園建築呈「ㄇ」字形排列，中央作為操場，是日治時代最常見的小學空間型態。遷校之初的木造校舍，到了二〇年代末期，由於毀損過鉅，因此改以鋼筋混凝

校園百寶箱

校園前庭左側的水池旁，一塊落款為「老松商校發祥紀念碑」的石碑，是為了紀念「曇花一現」的「老松商職」而立的。西元1946年，教育局在老松國小內成立了「台北市老松初級中學」，由小學部的鐘文修校長兼任中學校長，可算是九年國教的先聲。第二年，中學又改制為「台北市立老松商業職業學校」，許多老松國小的畢業生，便直接考入商校，繼續在此求學。既然待在學校的時間比較長，感情自然也就更為深厚，因此，當職校改隸遷出時，他們便用這塊石碑記下這段短暫的校史，以免它被人遺忘。

🔺 1966年老松國小全校學生數11110人時的朝會升旗。

土構造，但基本形式並未改變。三棟校舍均為古典風格強烈的拱圈式建築，半圓拱的走廊設計，對稱的佈局，十分端莊穩重。

　　早期的兩層樓建築，因為戰後學生人數激增，教室不敷使用，所以被改建為三樓；而在規劃構思的過程中，校方細心注意到了維持校舍整體風格的必要性，因此完全沿用原有的建築元素於新增添的樓層，再加上施工技術的扎實，讓人絲毫感覺不出來它們的「出生」時間，竟然相隔有數十年之久。唯一略顯美中不足的，是維修的方式——在校舍外牆上加貼瓷磚，大大削弱了經過歲月洗禮的滄桑美感。但話雖如此，我們還有機會站在這座古董級的校舍面前對它「品頭論足」，其實就應該滿懷感恩之情了，因為即使是空間需求最殷切的六〇年代，校方依然選擇將其完好保留，而非拆除改建為新式建築，這樣的用心，畢竟值得肯定。

　　陳舊傳統和新穎現代之間的徘徊，到底應該何去何從？每逢假日，西門町裡摩肩接踵的娛樂購物人潮，足以代表一切嗎？隱身於繁華商圈背後，曾經一度凋零的老舊社區，正在進行一場寧靜的「文藝復興」，而老松國小，或許正是它們的活水源頭。

🌱 校園記事簿

西元1864年　大龍峒老師府的陳維英出任學海書院院長。
西元1896年　我們學校是全台灣第二所小學，當時是在頂頂大名的學海書院內成立的。
西元1936年　最古老的東棟校舍是這一年蓋的。
西元1944年　陳學堯老師被日本人徵到南洋去當兵。
西元1966年　學校的人愈來愈多了，老師說我們全校的人數有11110人，是全世界最大的小學。哇！真的嗎？
西元1996年　學校一百歲生日，好熱鬧喔！
西元1999年　學校鄰居——剝皮寮今年六月，徹底拆遷。

流金歲月大稻埕

> 市街之壯麗,以台北大稻埕為最;房屋之前面,一律建築雙層紅磚洋樓,其內容或平房,或樓房,均聽其便也。

——福建文人 施景琛《鯤瀛日記》

　　西元1853年,發生在艋舺的「頂下郊拚」,決定了同為泉州籍的晉江、南安和惠安三邑人與同安人分道揚鑣的命運,落敗的同安人被迫遷居大稻埕。然而淤積日益嚴重的淡水河、大肆流行的瘟疫,加上居民保守排外的心態,卻使得艋舺日漸沒落,大稻埕因此迅速取代其地位,成為台北城的精華所在。

太平公 蓬萊媽

　　這個濱河的小村莊,因為有居民在此設「大埕」曬稻穀,所以被稱為「大稻埕」;清末台灣開港之後,隨著河運興盛、鐵路開通,此處的商業貿易愈趨活絡,同時也是現代化思潮的發源。直到日治時代,其冠蓋雲集、人文薈萃的盛況,在台灣歷史上可謂占有舉足輕重的地位。

　　日本領台次年,在全台各設置了多所「國語傳習所」,開始日文教育,其中台北的傳習所便位於大稻埕;其後,從「國語傳習所」到「大稻埕公學校」,再到「太平公學校」的幾度轉折更名,即為「太平國小」的發展簡史。

　　大稻埕因淡水河淤塞,取代上游艋舺的地位,成為台北的貿易門戶。

　　福爾摩莎烏龍茶曾廣受西方上流社會喜愛,因此造就了大稻埕的興盛。

　　北門通往台北橋的大街——延平北路,與淡水河邊的古老商店街——迪化街,所交會涵蓋的廣闊幅員太平町、永樂町,即為太平人出生成長的故鄉。由於位在首善之區,這所

小學自然成為當地的明星學校，舉凡士紳名流、殷商富庶之家，莫不爭相把孩子送往這裡就學，也因此現今許多台灣重要的政商人士都出身於太平國小。

早年，台北人有句俗諺：「太平公，蓬萊媽」，一語道盡太平國小前半個世紀的最大特色——清一色的小男生！就連男老師，也占了三分之二以上。至於「蓬萊」，則是與太平齊名的「大稻埕女子公學校」，可想而知是另一所明星學校。此等壁壘分明的局面，直

🅐 日治時代的朝會體操，看得到當時太平的校舍景觀。
🅑 日治時代畢業旅行，太平學童與阿里山神木合影。

到1956年太平招收女生之後才被打破，在許多師生的回憶中，那是個只能以「轟動武林、驚動萬教」來形容的分水嶺。

皇太子駕到

日治時代太平公學校所具有的優越地位，還可以從裕仁太子巡台時下榻於此，看出端倪。西元1923年（大正十二年），裕仁接受台灣總督田健治郎的邀請，來台巡視；其最主要的意圖自然是為了宣示天皇權威、籠絡民心，但即使如此，對許多老一輩的台灣人來說，這卻依然是一件茶餘飯後可以津津樂道的陳年往事。裕仁太子此行兼負有檢視台灣總督府殖民政績的目的，所以日本殖民教育的初等機構——公學校，便成為參訪重點之一。由於「太平公學校」是裕仁於台北唯一訪視的學校，因此校方在裕仁離台之後，便於前庭設立了「皇太子蒞校紀念碑」以茲紀念，無論師生，走進校門時都得先對碑石鞠躬敬禮。

台灣雕塑界的麒麟兒——黃土水

黃土水（1895～1930）出生於台北艋舺，原就讀艋舺公學校，後因搬遷而轉入大稻埕公學校。幼時因常至大稻埕街上的木雕店嬉戲，接觸廟宇宗教的神雕藝術，在耳濡目染之下，走上雕刻之路。1915年獲保送進入東京美術學校深造，成為第一位留學日本學美術的台灣青年。作品多次入選日本帝大美展，代表作有〈甘露水〉、〈釋迦出山〉、〈水牛群像〉等。1930年病逝東京，年僅三十六歲。早期台灣的傳統雕刻，大部分附屬於廟宇建築或住家陳設，很少被視為獨立的藝術創作，黃土水是台灣第一位擺脫傳統雕刻束縛的藝術家，可說是台灣近代雕塑里程碑的標竿。

二次大戰後，政權轉移，紀念碑為孔子塑像所取代，連基座也不復存在，僅留下舊址供後人憑空遙想。

雖然紀念碑遭到拆除，太平國小的校園裡，還是留有一件與裕仁相關的文物——掛在校園川堂中廊的「忠孝」大匾。這塊匾額看似平凡，實際上卻大有來頭。「忠孝」二字是為了祝賀裕仁大婚而題，且為中國書法大家溥儒摹宋代名儒朱熹之字，其蒼勁雄渾的風格，頗得晦翁的幾分神韻。這樣的字匾，在台灣原不多見，竟然會在一所小學裡出

現，實屬難能可貴，想來，正是由於裕仁太子曾經蒞臨太平的關係吧！但是為何以「忠孝」為賀詞？卻又令人有些匪夷所思。戰後此匾曾經因為政治因素，有過一段不見天日的黑暗歲月，其抬頭和落款處甚至遭到破壞，直到戰後第二任校長陳臣火先生肯定了它的藝術價值，聘請專人加以修復，我們今天才能欣賞到這件珍貴的藝品。

- 孔子像的位置過去曾立有「皇太子蒞校記念碑」。左圖為該紀念碑日治時代的樣貌。
- 掛於太平國小川堂的「忠孝匾」；匾上「御成婚大典紀念」的字樣在戰後遭到刮除。
- 本土雕塑家黃土水贈予母校的珍貴作品〈少女胸像〉。

校寶典藏豐

此外校史室裡，有「雕塑界的麒麟兒」之稱的本土雕塑家黃土水的〈少女胸像〉，則可說是太平國小的鎮校之寶。黃土水在十七歲時自太平公學校畢業，進入師範學校就讀。師範學校畢業時，曾回到母校任教半年，之後便前往東京美術學校深造。由於與太平國小有這麼一段淵源，因此黃土水便將1920年完成的作品〈少女胸像〉贈與母校收藏。以白色大理石雕刻而成的這位身著日式冬衣的女孩，眼神專注的凝視前方，流暢細膩的線條構成，栩栩如生的表現了少女嫻靜婉約的氣質，充分展現出藝術家成熟的技巧。

除了這件「國家級」的珍藏，這裡還保存了許多在一般小學裡不容易見到的文物，例如以唱片形式呈現的畢業典禮實況、木製顯微鏡、軍訓木槍等等。在戰後社會物資不豐的

六〇年代，太平國小竟然能花費鉅資，將畢業典禮實況錄製成唱片，可見其必然擁有極為豐富的教學資源。而木製顯微鏡的出現，則是由於太平洋戰爭期間，日軍對於鐵器、銅器需求量大增，因此向台灣各地強制蒐集，甚至連學校裡的金屬教具也被沒收了。在教育需求下，校方發展出克難的木製顯微鏡，讓科學教育能繼續延續、向下紮根。戰後的太平國小一直是台北市科學教育的研究中心，日治時代的木製教具是往昔教育理念的最佳明證。

此外，值得一提的是，太平國小的校服款式，百年來始終未曾改變——帽子和衣領上一道藍、白色的鑲邊，象徵著「大稻埕第一公學校」的意思。為了展現其身為第一公校、百年如一的驕傲，制服也成了校史室中極具深意的印記。儘管校史室裡有琳瑯滿目的收藏，然而，走過一個世紀的太平國小，亦難逃風雨滄桑的摧折——紅磚校舍、東邊的大禮堂、校門旁的茄苳樹，俱已消失在時代的洪流之中。只有大榕樹下，當年因教室不敷使用，拎個小板凳進行「戶外教學」的孩子們，在操場邊留下的琅琅書聲，隨著風的自由來去，彷彿依稀可以聽聞。

🔺 百年如一的「一公校服」。
🔽 日治時代的木製顯微鏡。
◀ 太平校園中有不少塑像，此為為水池邊的「讀書樂」。
▶ 西元1966年，太平國小的畢業典禮實況錄音紀念唱片。

🌱 校園記事簿

西元1896年	日本人在大龍峒的保安宮設「台北國語傳習所」。
西元1897年	學校遷離保安宮，並改名叫作「大稻埕公學校」。
西元1901年	整個台北城在鬧鼠疫，所以學校停課兩個月。
西元1914年	總督府開馬路，結果我們學校被切成東、西兩邊。
西元1923年	日本裕仁皇太子來台灣玩，住在我們學校喲！
西元1978年	學校的兒童劇團參加兒童劇展得到冠軍！
西元1996年	一百週年校慶時，有很多很多人來為學校祝壽呢！

大觀義學 流芳百世

> 秋朝的天空，半晴不晴地，散射著很微弱的朝暉。
> 微光裡，愁慘中，火車載我向南去了。
> ——台灣新文學先驅　張我軍〈亂都之戀〉

　　板橋，有個遠近馳名的「林家花園」，童年時的我們，幾乎都曾經口哼著「走走，走走走，我們一同去郊遊……」的兒歌，來到這裡「尋幽訪勝」。板橋，還有一條出名的「大觀路」，是許多不熟悉方位的初訪者，探問諮詢的地標。或許你料想不到的是，「大觀」與「林家花園」，猶如時光隧道的通關密語，一開口，它便能帶著我們穿越古今，開啟歷時百年的寶庫——板橋國小，看一看它的前世今生。

　　乾隆年間，最早來此開墾的農戶為了方便行人往返，在「崁仔腳」架起了長約二丈的木板橋，成為連接新莊的要道，因此這裡被稱為「枋橋」——直到二〇年代，才改名為「板橋」。

🅐 板橋大觀義學為林本源家族所創設。
🅑 國家三級古蹟板橋林家花園。

大觀義學與板橋林家

　　西元1853年，原本在新莊開墾的漳州人林平侯前來經營大安圳，這也就是「林本源家族」生根於板橋的起點。新興拓墾的開始，將板橋的歷史帶入新的階段，其中最重要而影響深遠的，即為「大觀義學」的設置。當時的台灣，漳泉械鬥十分嚴重，看在林氏家族維讓、維源兩兄弟的眼裡，深感憂心，為了謀求兩方的和平相處，

於是他們便將妹妹嫁給泉州籍舉人莊正為妻。接著，又與莊正共同創立義學，教授兩族之人讀書、習字——因其屋前有大屯、觀音兩山對峙，故取名「大觀」。

日本領台之後，暫時成立於義學原址內的「枋橋公學校」，在二十世紀的第一年，舉行了建校一週年紀念典禮，同時頒發「修業證書」，當時出席的包括有日籍官員以及林家士紳。首任校長譜寫了創校紀念歌，還有舉旗遊行；接近一百名的男學生與不到十位的女學生，就是「枋橋公學校」成立之初的情景。

漸漸，學生人數愈來愈多了，總督府開始物色可以蓋新學校的地方，這一次，林家再度出面，不但無條件捐出土地，並且全數負擔建築費用，直到嶄新的校舍落成，公學校才從大觀義學遷出。後來，跟著「枋橋」地名的改變，學校也改成「板橋公學校」。由此可知，在數百年的開發過程中，「大觀義學」以及林氏家族對於板橋區的移風易俗、文教啟蒙，實扮演了舉足輕重的角色。

- 日治時代女學生於學校禮堂進行表演。
- 日治時代的板橋校旗。
- 枋橋公學校是板橋地區第一所新式教育機構，即板橋國小前身；圖為日治時代的校門。

鵝媽媽的溫情

追溯了學校的「前世」，那麼，它的「今生」又如何呢？

傍晚時分，孩子們的嘻鬧奔跑，隨著放學鐘聲的響起而歸於沉寂。在靜謐的校園中，代之而起的是小小動物園裡鵝群的低吟呼喚，此起彼落昭告天下：「鵝媽媽」的探訪時間又到了——退休十多年的林明滿老師，不管颳風下雨，總會在天亮時到果菜批發市場收集

「林本源」不是人名？

板橋林家是台灣五大家族之一，開台始祖林平侯發跡於台北新莊，原為米商，經商致富後，積極從事拓墾事業，為方便墾務遂於嘉慶年間，將家族重心遷移至桃園大料崁。平侯有五子，分掌飲、水、本、思、源五家店號，其中以三房國華和五房國芳的兄弟感情最好，經營狀況最佳，所以兩人共理家產，合稱「本源」，後人便以「林本源」稱之。林平侯時期，林家已開始在枋橋一帶置產，至其子國華更積極墾殖，於咸豐年間舉家遷入枋橋，奠定了日後此地的繁榮基礎。

剩餘的菜葉，整理之後，親自餵養園裡的動物，讓牠們免於挨餓；動物生病了，她更是不眠不休悉心照料。這位慈祥和藹的鵝媽媽，不但為孩子們樹立愛護動物的典範，也讓我們見識到了板橋國小溫情脈脈的校園文化。

⬆ 日治時代畢業旅行南下屏東遊玩。

➡ 國家三級古蹟「枋橋建學碑」，被書法界稱做「台灣第一名碑」。

台灣第一名碑

　　除了有情，也有義──校園中最受注目的國家三級古蹟──枋橋建學碑，在在訴說著那段塵封在荒煙漫草間的興學故事。這座建學碑高三公尺，寬約一公尺，為了表揚林家的義舉，總督府特地豎立此碑以作為紀念。由於林家主事者與當時的台灣總督佐久間左馬太交好，因此執政當局對立碑一事相當看重，不僅選用上等石材，由民政長官親自撰寫碑文，更由日本名書法家日下部東作題寫，名刻工廣瀨群鶴操刀，於日本刻製好之後再送回台灣。碑文的內容主要詳述枋橋公學校遷校擴建之原委，不但記錄了林家對台灣教育的貢獻，同時也是日人在台實施新式初等教育的見證。其初衷固然是藉史實以延續「大觀義學」的文化典範，然而，在總督府慎重其事的背後，日本統治當局亟欲籠絡林本源家族的企圖，也是不可忽略的政治意涵。純就欣賞而言，全長678字的碑文，融合了中、日書法的精粹，集結了上自六朝、下至隋唐的優美字體，從藝術的角度來看，可以稱得上是「台灣第一名碑」。

老校舍的風味

板小的行政大樓和前門川堂建造於日治時代，可說是具有「古董級」的資歷了，只是經過多次整修，難以從外觀上看出它的輝煌過往。不過，瞧仔細些，仍然可以看出一些端倪──川堂的門廊為圓拱弧形，連帶著窗戶的造型也別具風味，整體看來樸實文雅，是典型的日式校舍風格。

薪傳之火張我軍

　　如果一定要以實例來佐證板橋地區的文風鼎盛，校園後門的「張我軍塑像」，應該是個不錯的例子。張我軍是何許人也？其實就是第十一屆畢業生張清榮，他不但是板橋公學校

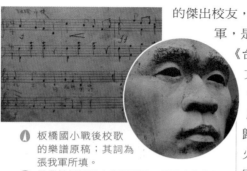

的傑出校友，更是台灣文學史上不可忽略的重要人物；他改名為張我軍，是因為五四新文學運動的薰陶。1924年4月21日，他在《台灣民報》發表〈致台灣青年的一封信〉，嚴厲批評傳統文學的陳腐，引發了沸沸揚揚的台灣新舊文學論戰，而戰後的板橋國小校歌，便是出自其手。1997年，台北縣政府舉辦「為鄉里人傑塑像」活動，他自然名列其中。回歸母校懷抱的這座塑像是以粉紅色花崗岩雕成，頭上類似火炬的造型，代表「薪傳之火」有生生不息的意思；雕刻家還很細心把底座設計得很低，好讓「他」與孩子們能近距離接觸，方便大家親近這位傑出的學長。

- 板橋國小戰後校歌的樂譜原稿；其詞為張我軍所填。
- 畢業於板橋國小的張我軍，是開啟台灣新文學運動的先驅。
- 現今的大觀義學原址已成為大觀幼稚園。

六○年代，返回母校任教的陳富美老師，初抵校門時，看到的是這樣一幅景致：「先經過小橋流水、精緻的校門，再透過三棵高高的露兜兒樹，仰望古色古香的鐘樓，來到川堂，放眼望去，除了第二、四棟是磚造二層樓和一座典雅的禮堂外，全是木造平房教室。校園後方，遠處更可眺望北部著名的大屯山和觀音山。」而今，又是四十個年頭過去了，詩情畫意的田園風光已經不再，古董級的校園建築也逐一隱沒在時光的洪流中。唯一不變的是，大屯與觀音，依舊情深意重的照看守護著板橋國小。

下回，別再只顧著忘情於曲徑幽深的林家花園，更要順道來拜訪這所集合了眾人善心義舉的小學喔！

校園記事簿

西元1853年	有個姓林的大戶人家搬到這裡來囉！他們住的地方叫作「三落舊大厝」。
西元1873年	林家的叔叔出錢成立了「大觀義學」，我們天天面對著大屯山和觀音山，風景好漂亮喔！
西元1899年	日本人來這裡設置「枋橋公學校」，可是仍然是在大觀義學上學。
西元1915年	今年舉行第十一屆畢業典禮，其中有一個張清榮，畢業後就到鞋店去當學徒。
西元1908年	學校裡多了一塊壯觀的石碑，是為了謝謝林伯伯幫我們蓋學校。
西元1992年	「鵝媽媽」林明滿老師退休了，之後她更加不眠不休照料那些小動物。
西元1997年	後門的那個「張我軍」雕像，其實就是張清榮啦！老師說他是板小很傑出的校友呢！

創新與傳承的浪潮

很久很久以前了，從福州、汕頭、廈門來的帆船，可以直駛到舊鎮媽祖廟直對下去的河邊。那些龐大的，裝滿著奇貨的帆船可直駛到舊鎮的河邊，在那裡裝卸貨物。

——新莊在地文學家　鄭清文〈水上組曲〉

（註：鄭清文作品中的「舊鎮」、「大水河」便是新莊和淡水河）

你一定聽過「一府、二鹿、三艋舺」，但你或許不知道，在清朝乾隆至嘉慶年間，這句台灣人琅琅上口的俗諺之原版其實是「一府、二鹿、三新莊」！今天擁有全台最多工廠的新莊，早年是大嵙崁溪（今大漢溪）旁的天然良港，水運發達，成為位僅次於台南府和鹿港的重要港口中繼站。

隨著商旅活動的高度集中，新莊的文教事業也開始起步。西元1763年，士紳胡焯獻捐創立了「明志書院」，早於台北城裡的學海書院七十多年。日本領台之前，設置在各大廟宇中的「書房」——武聖廟、慈佑宮、文昌祠……，甚至讓許多學子不遠千里，從滬尾、雞籠等地慕名前來。

🡇 新莊國小（當時稱為興直公學校）第五屆的畢業合照。
🡇 日治時代新莊國小日籍校長與女學生們的合照。

第一位女訓導

1898年，由新莊辦務署長山雄熊氏申請設立的「台北國語傳習所新莊分教場」舉行了第一次的開學典禮，雖說是新莊地區最早的學校，不過，校方還是得想盡方法，用日本地圖和萬國圖為「誘餌」，才能吸引孩子們走

進學校來呢！這一年，〈台灣公學校規則〉公布實施，不久後學校便改名為「興直公學校」。迫於財政的窘困，最初的十二年間，學生們得借用文昌祠的廂房上課。1910年，第一批紅瓦校舍完工，他們才有了自己的家——一片四周有墳墓、稻田、廟宇，就是沒有圍牆的校園。十月，一個叫葉麻油的女孩從國語學校師範部畢業，來到這裡擔任「訓導」（也就是教師），除了是第一位返校服務的校友之外，在那個高壓封閉的保守年代裡，她的女性身分顯然是更為秀異突出的特點。

Ａ 日治時代中葉的新莊國小校園。
Ｂ 日治時，女學生上家政課的情形。
Ｃ 日治新莊學校運動會上的表演節目。
Ｄ 行政大樓的窗台造型透露了它的年歲。

隨著時序遞嬗，走進二十一世紀的新莊國小前庭，映入眼簾的，只見一片蓊鬱青翠，矗立其間的行政大樓是一棟在台灣小學校園中極為普遍的「老背少」建築，怎麼說呢？歷史最悠久的是一樓校舍，教務、訓導、總務等三間行政處室在日治時代由清代火車站改建而成，至於兩側的教室和二、三樓則是戰後陸續加蓋，因此稱其為「老背少」。我們很難光從外表判斷它的年代，只好繞到教室後面，透過研讀窗戶的造型，略窺一二——弧形拱窗是日治時代常見的建築造型，這兒的窗戶比較特別的地方在於使用了黑色石材突顯窗台和拱心石，以強化其造型，十分別緻醒目。

拔河樹與小白宮

行過老川堂，在中庭球場旁，會看見一株婀娜多姿、身形細瘦的老樹，別小看這棵樹

喔！被暱稱為「拔河樹」的它，可是每一個新莊人的親密夥伴——早年鄉下孩子可以從事的娛樂活動並不多，但是學生們的小腦袋動得可靈活了，拿一條麻繩綁在老樹上，跟老樹比一比誰的力氣大。再簡單不過的遊戲，卻「拔」起層出不窮的樂趣，幾乎成了所有新莊小學生的最愛。日復一日，年復一年，拔呀拔的，拔河樹也就長成這副歪歪斜斜的模樣了。

再走到前棟行政大樓和後排教室之間，會看到一棟綠蔭繚繞、黑瓦白牆、占地僅十來坪的日式老房舍，數十年來，以「夾縫中求生存」的自保哲學躲在這不起眼的角落裡，無異是校園中最為特殊的景觀。在學生口中，它是新莊國小的「小白宮」——切角造型的屋頂，改良自傳統單調的斜式屋頂，外牆為木造夾板，夾層內則混合了米糠、稻草和黃土，是種非常古老的建造手法，也因此而更具有歷史價值。小白宮實際的建築年代和功能用途皆

△ 日式風格的新莊小白宮。

已不可考，我們只知道，戰後它曾經是新莊國小的校史館，目前是退休教師聯誼室。它那冬暖夏涼、舒爽宜人的空間，相當受到老師們的喜愛，而不只是退休的老師，就連在職教師和愛心媽媽也都喜歡到此休憩、聯誼呢！

過盡千帆 放眼天下

至於小白宮後方造型特殊的紀念碑，則是為了紀念在新莊國小所舉辦的第一屆世界兒童畫展而建造的。1966年，台灣省政府教育廳與中華民國兒童美術教育學會主辦「中華民國第一屆世界兒童畫展」，指定由新莊國小負責統籌。由於是國際性美展而且無前例可循，因此師生們只能一點一滴摸索，所有事務從無到有，都是創舉，堪稱為一等一的學校大事。展出結束，校方塑立一座美展紀念碑，藉以記錄此項殊榮。它的造型是由象徵著學童稚嫩的小手的三根弧形柱，托起一顆代表世界的球，隱喻著新莊國小「立足世界、放眼天

下」的驕傲與榮耀。

有人說，新莊是夢想家的天堂。1913年，「小西園」在夜市中央的「戲館巷」成立，扛起了北台灣戲劇傳承的夢想。1995年，經營工廠的曾文龍在公園路上開設本土文化書店「咱兜新莊」，成立「興直堡文史工作室」，挽救了在地史料的散佚飄零。1996年，新莊國小和市公所聯合舉辦「過盡千帆話新莊」百年照片展，許多珍貴的影像資料紛紛出籠

——無論是明治天皇駕崩時的學校紀念儀式，還是教師們在焚燒教育敕令的火光前留影，都在在說明了：這所百年小學，在夢想傳承與延續的浪潮裡，扮演了不可或缺的角色。

🅐 國際兒童畫展時，新莊國小的學生們舉著各國國旗繞街遊行。
🅑 參加畫展的各國外賓。
🅒 新莊國小校園中的「建校百年紀念碑」。

🌿 校園記事簿

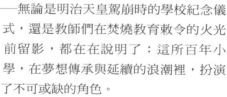

西元1898年　新莊國小誕生了，那時候我們是在街上的文昌祠裡上課的喔！
西元1910年　新來的葉麻油老師也是我們學校畢業的喔！老師說她是第一位回學校教書的校友。
西元1913年　「小西園」都會在夜市那邊的戲館巷演出喔！
西元1955年　台灣省政府建設廳的伯伯們沒有辦公室可以辦公，所以來向我們借教室。
西元1966年　世界兒童畫展在我們學校舉行，有好多「阿斗仔」來學校參觀喲！
西元1996年　我們學校和市政府合辦展覽——「過盡千帆話新莊」，有好多照片喔！都是很老很老的那種。
西元1998年　今年是新莊國小一百歲生日。

石馬相伴童年

雲對雨　雪對風　晚照對晴空　來鴻對去燕　宿烏對鳴蟲。
三尺劍　六鈞弓　嶺北對江東　人間清暑殿　天上廣寒宮。
──樹林仰山書房之「聲律啟蒙」教材

　　關於「仰山書房」，台灣新文學作家及民俗學者黃得時教授有這樣的回憶：「每月舊曆初一和十五，學生都要帶糕餅和香燭到書房來供奉『魁星爺』，並且在『魁星爺』畫像前面，行三鞠躬禮，祈求腦筋聰明，學問進步。到了夏天，中午要回家吃飯的時候，王先生怕學生到圳溝去游泳會發生意外，所以在每位學生的手掌上，用朱墨寫一兩個字，以便下午來上課的時候，可以檢查。如果發現哪一位學生，因為去游泳而被水沖掉了朱筆所寫的字，就要罰打屁股，而且打得很厲害，所以沒人敢去游泳。」

從書房到小學

　　坐落樹林「瓦厝內」的仰山書房，由地方名紳王作霖於1879年開館授課。日治初期，日人在台開辦新式教育，除了大量借用寺廟以為校舍之外，另一種方式便是將在地的傳統書房加以改造，「仰山書房」即為其中一例。1898年，在王作霖及士紳黃純青等人奔走下，仰山書房轉型為「台北國語傳習所樹林分教場」，同年十月改稱「樹林公學校」，也

王作霖為樹林國小的創校元老，上圖為校園花圃中的王作霖塑像。

就是後來的「樹林國小」。一百年來，樹小始終擔當著當地教育中心的重任。

位於台北盆地的西緣，舊名「風櫃店」的城鎮，昔日曾是打鐵舖子的天下，因打鐵所用的鼓風爐被稱為「風櫃」而得名；又因為緊鄰著的大嵙崁溪經常氾濫成災，於是住民在陂岸廣植樹木以保護堤防，這才有了「樹林」的名號。樹林文風鼎盛，其來有自，幾位名紳大儒籌募款項所興建的「聖蹟亭」，應是最好的證明——清朝末年，地方上的讀書人認為任意丟棄寫著字的紙十分不敬，因此便募款建造了聖蹟亭，集中燒毀廢棄字紙，以示尊重。光緒年間，王作霖更以籌集基金的利息，每年舉行祭典，由此可見當年盛況。走在這個想像中應該是「群樹成林」的所在，果不其然，處處可見綠

🔺 日治時代樹林公學校的校園一景。
🔵 樹林國小校園內三棵平地相當罕見的百年肖楠。
🔻 西元1919年樹林國小第十四屆的畢業生合照。

意。伴隨著不遠處「轟隆轟隆」的火車聲，沿著育英街直走到底，進入校園，首先見到的，便是那三棵百年肖楠。屬於喬木科的肖楠，又叫「黃肉樹」，平均分布於台灣中部以北、海拔三百到一千三百公尺的高山上，是台灣相當重要的一種木材；也因此，乍見這些

根著平地、樹齡已超過百年的肖楠，其挺拔健壯的丰姿加上生長於最低海拔的多重紀錄，實在不得不令人驚異台灣肖楠的生命力。

石馬將軍傳奇

來到兼具自然與人文之美的樹林國小，除了有老樹可看，還有一個不能錯過的「石馬將軍」。相傳石馬原是新竹一位林姓大戶墓園前的石雕，因為吸取了日月精華變成妖精，晚上跑到百姓家裡偷吃米，或到田裡吃稻穀，弄得大家雞犬不寧，為了壓制它，就把它請到當時人口最多、人氣旺盛的樹林國小內，說也奇怪，從此地方太平。

「傳說」只能姑且聽之，關於石馬，根據較為確切的調查考證得知，原為新竹林家墓園的遺物——新竹林恆茂家族是竹塹地區的望族，子裔林祥雲依照地理師的指示，在橫坑子山麓建造墓園，全數以花崗岩為建材，墓碑和墓手石則以優秀刻工雕鑿而成，墓飾包括有石人、石馬、石羊等。咸豐年間，匪賊蜂起，墓園遭搗毀，所有做工華麗的墓飾、墓碑從此深埋於地底七十餘年。1915年，樹林公學校訓導王名受（創校元老王作霖之子），在山區發現石馬，立刻為其優美的造型所吸引，便請人搬到校園花圃內，作為美化校園的裝飾。後來經村里訪查，方知石馬為舊時林家墓園所有，於是透過中間人尋訪林家後人的下落，並獲得將其捐贈校方的承諾，石馬因此成為樹林國小的鎮校之寶。

由方形花崗石雕刻而成的石馬，高約四尺，從其外型看來，應該是屬於中國系蒙古

日治時代上農業實習課的學生們。

樹林校園中的林家石馬，因年代久遠已有部分破損。

🔽 樹林國小的國父像基座是日治時代留下的，原放置的雕像為何已不可考。

🔽 校園中造形古樸的孔子像，為第十七屆畢業校友所捐贈。

種，線條簡單細膩，神形莊嚴肅穆，做工相當精緻。石馬將軍旁邊還有上馬石，以及小食槽的配置，十分貼合國小學童的童稚趣味。對於樹林國小的孩子來說，它可是童年時代的最佳玩伴；在課餘閒暇時，大家都愛爬上石馬將軍的鞍背，幻想自己是馳騁草原的小騎士。九十年來，石馬將軍守護無數的孩子，度過一個又一個寒暑，就連黃得時教授返回母校探視時，也不忘在石馬前留影紀念。

失憶的銅像

幾經更迭翻修的樹林國小，校園景觀早已不復昔日的模樣，唯有正門前庭依稀可見舊時的景象——六○、七○年代極為普遍，目前愈來愈難得一見的國父銅像。這座銅像的特別之處，不在於它的雕塑手法古樸典雅，而是其下的基座造型，只要仔細觀察，就會發現其基座型式，與一般常見的相當不同——這是因為基座和塑像，分別誕生在兩個不同的年代和政權之下，因而呈現出迥異的形式風格。

戰後初期，許多學校或者應該說全台灣的各級單位，均盡可能將目光所及之處凡與「日本」有關的史蹟文物悉數銷毀。以造像為例，多半是保留塑像的基座，將其上的人物改為國父、蔣公或孔子像，藉此以淡化台灣人曾經為異族統治的記憶，彷彿什麼事都不曾發生，而後，我們便也「自然」遺忘了自己的歷史。

校園記事簿

西元1898年	王作霖爺爺開設的「仰山書房」轉型為「台北國語傳習所樹林分教場」。
西元1901年	我們搬家了，新家是大家一起捐錢買的。
西元1915年	王名受老師在山間發現了一匹十分優美的石馬，它是我們最好的朋友喔！
西元1932年	總督府不准大家學漢字，所以這一年開始沒有漢文課了。
西元1955年	台灣省政府教育廳的叔叔們，借我們的教室充當辦公室，還幫我們建自來水設備及水塔，這樣我們就有自來水可用了。
西元1998年	樹林國小百歲生日快樂！

孝女烈士 共治一爐

Taipei 安坑國小
台北縣新店安康路2段85巷44號

硬骨稜稜義氣豪，頻從虎脛擬鈍力。實權莫禦流氓悍，虛位高懸主席高。
鼎鑊自甘誠不愧，事機坐失責難逃。可憐商界稱重鎮，狼籍遺屍沒野高。
——台灣民族運動前輩 葉榮鐘〈弔唁王添灯〉

　　過了碧潭橋，沿著安康路，來到安坑。原本就不是大型聚落，只因為近年來大台北人口的快速膨脹，使得這個地方發展也活絡起來。一棟棟簇新林立的高樓，貫注以年輕的活力與朝氣，讓人很難與兩百多年前，閩、客、泉、漳之間攻伐不已的劍拔弩張畫上等號——古早的安坑人，除了墾荒鑿渠，還要忙著應付無數的流血傷亡事件。

　　即使民風強悍、流血鬥毆的衝突事件不斷，但是，安坑人卻也沒忘了教育鄉里子弟的百年大計。西元1899年就成立了第一所學校「安坑公學校」，起初只有三十四個學童，由於人數實在太少了，所以曾經一度和「新店公學校」合併。後來，在鄉人協助籌劃下，才再度恢復獨立的身分，在1906年搬到現在的家。

➥ 日治時代四周群山環繞的安坑公學校。
▼ 早年新店碧潭吊橋的美景。

鬼瓦DIY

　　今天的安坑國小，不但有美輪美奐的圖書館，也有先進完善的教學設備，孩子們需要的一樣也不少，比較可惜的，就是少了那麼一點古意。所有老舊校舍幾

乎都經過翻修，成為新式水泥鋼筋大樓。唯一的例外，大概就是提供退休老師居住的日式教師宿舍了！這也是安坑國小校園中，資歷最為完整的「校園代表」。

🔺 DIY的鬼瓦別具特色。
🔽 安坑國小的日式宿舍，是日治時代所建。

　　這棟完工於日治時代的平房建築，最特別的地方在於其屋頂上日式「鬼瓦」的造型。所謂的「鬼瓦」，是置於屋頂脊樑上的特殊裝飾，類似中國式建築的「瓦鎮」，具有鎮邪制煞的功能。只是，中國瓦鎮如果呈東南走向，可制東南之凶，若朝西北，可制西北之邪；日式建築的「鬼瓦」，則是在上面刻劃特殊紋樣，使凶煞見了避之惟恐不及，以達到驅邪的作用。一般鬼瓦的花飾紋路都製作得相當精美，但是安坑的教師宿舍卻出現了一塊畫著人形五官的鬼瓦，雖做工粗糙，但神形充滿稚拙的童趣。據推測，這應該是由於原有的鬼瓦損壞，工人或住戶以DIY的方式自行隨意塗抹而成的。

孝女碑的故事

　　在安坑國小的校園中，雖然老東西並不是很多，但倒也不是一無可觀，例如全名為「孝女廖氏嬌記念石碑」的這塊石頭，來頭就不小。

　　八十多年前就讀安坑公學校的小女孩廖嬌，有著非常坎坷的身世，她的祖母和父母都是盲人，姊姊又是個啞巴，在她下面還有兩個年幼的弟弟。一家老小，不是身有殘疾，便是稚弱無力，所以全家的生計重擔都落在廖嬌身上。平時，她除了要負責煮飯燒菜的家務之外，每天還得上山撿柴以貼補家用。遇到假日，就陪同父親外出擺攤算命，以賺取微薄收入。在廖嬌就讀五年級的某一天，她和往常一樣在放學之後上山撿柴，不小心被倒下來的枯木樹幹壓傷，由於長期營養不良、身體瘦弱，所以短短幾天就傷重不治。

　　當時安坑公學校的校長小山新治感動於她的孝心孝行，就把廖嬌的事蹟報告台北州

廳，申請表揚。據說，台灣聞人辜顯榮聽聞這件事，還專程從鹿港北上，到廖家致贈撫恤慰問金。同年12月，台灣總督府民政長官下村宏頒發了褒揚狀，並且決定在校園內立碑表彰廖嬌的美德。這就是「孝女碑」的由來。

廖嬌顯靈？

原本置放在教師宿舍旁的紀念碑，目前豎立於校園的前操場邊。過去，許多安坑的孩子即使不知道廖嬌的故事，也依稀記得在老舊的日式宿舍旁，有這麼一塊刻了字的大石頭，那是童年校園記憶裡不可分割的一部分。當安坑國小於七〇年代進行校園整修重建時，孝女碑被搬到了學校後方的園林內，由於位置偏僻，人跡罕至，漸漸的「廖嬌」這個名字也隨之被遺忘了，不再有人提起。直到安坑國小慶祝百年校慶，老師們在整理校史時，重新發掘出這個感人的故事，才引起台北縣文化局的重視，繼而將孝女碑核定為縣定古蹟，重新規劃、安置在校園中，作為學童們的楷模。

現立於安坑國小校園「前」操場旁的「孝女廖嬌紀念碑」，台北縣政府已將其列為縣定古蹟。右上方為孝女廖嬌的遺照。
日治時代女學生在操場上表演舞蹈。

值得一提的是，在遷移廖嬌石碑的過程中，還發生了一段「顯靈」的軼聞。話說校方著手整建紀念碑的時候，為了方便搬遷工程能順利進行，所以決定暫時將孝女碑安置在二樓校史室內。就在工作人員把石碑搬進電梯，準備運往二樓時，電梯突然故障，即使找來專人緊急修復，卻還是無法正常運作，經過多次檢測，都找不出故障的原因。就在眾人百思不得其解的當頭，一位工作人員卻突發奇想：會不會因為廖嬌以前沒有坐過電梯，所以對這個「新玩意兒」感到害怕？經他這麼一說，大夥立刻豁然開朗，趕忙焚燒紙錢祭拜，向石碑說明原委。說也奇怪，不一會兒的工夫，電梯馬上就正常運作了。這段顯靈傳奇，現在已經和廖嬌的孝行一樣為人傳頌不已呢！

說了那麼多，還是趕快看看石碑的模樣吧！這座紀念碑的造型簡單，為常見的圓柱形，正面刻著「孝女廖氏嬌記念碑」，背面則有廖嬌去世的日期以及立碑者的署名。不過，碑文記載廖嬌遇難日是大正六年二月，也就是1917年，這與校方所提供的時間「1915年」有所差異；此外，如前所述，應該由總督府所立的石碑，其上的署名卻是「安坑公學校同窗會建」。從這些種種跡象看來，為孝女立碑的真正原委，還有待史家更進一步的詳加考證，才能解開這個八十多年前的謎團吧！

烈火旗手王添灯

除了孝女廖嬌之外，安坑其實還有一個值得大書特書的傑出校友喔！那就是人稱「二二八旗手」的王添灯。王添灯是道道地地的安坑人，於公學校畢業後，進入新店庄役場（鄉公所）工作，並於夜間在台北成淵中學進修。後來，他辭去公職，投入全島性的「皇漢醫道復活運動」；也曾經加入「台灣地方自治聯盟」，汲汲奔走於政治社會運動，其所開設的「文山茶行」，因此成為一群關心時政人士的聚會所。

戰後初期的王添灯對於新時代充滿希望，不但積極參與「三民主義青年團」，擔任《人民導報》社長，還創辦了《自由報》，作為人民喉舌，並先後當選台北市參議員、台灣省參議員，由於問政犀利，因此得到「鐵面議員」的封號。

1947年的二二八事件，是王添灯生命最重要的轉捩點。一生愛台灣、說真話的他，在大屠殺發生後，擔任「處理委員會」宣傳部組長，委員會所提出的「四十二條處理大綱」，雖遭到陳儀拒絕，王添灯仍堅持到台北廣播電台廣播，說明事件原因與過程，以及宣讀「四十二條處理大綱」；就是由於這個堅持，他被冠以「反抗中央背叛國家」的罪名。3月9日清晨，王氏遭強行逮捕，受盡酷刑，最後更被汽油淋身，焚燒身亡。

● 於二二八時殉難的王添灯之塑像及其名片。
◐ 二二八事件爆發時的新聞報導。

童年路遙遠

　　孝女的犧牲、烈士的壯舉，莫非屬於安坑的都是悲慘愁苦的命運？經營土雞城、笑聲爽朗的阿財伯，翻開記憶的扉頁，為我們驅散這股淡淡的哀愁。

　　六十多年前，家住在以種茶為業的五尖山上，清晨天未亮，小小的阿財就要揉著惺忪的雙眼，在母親的催促下踩著朦朧的步伐，走三個半小時去學校。父母總是希望孩子多念點書，無奈路途實在太遙遠了，阿財常因遲到而被老師責罵。終於有一天，日籍女老師決定來個家庭訪問，想搞清楚這孩子到底在玩什麼把戲。阿財和老師一起走路回家，結果……「不到幾分鐘，先生就上氣不接下氣的問：『快到了沒？』我總是回答：『快到了！就快到了！』十幾次之後，她終於連開口的力氣都沒了。」經過這趟親身體驗，老

●日治時代安坑公學校美術課的戶外寫生。
●安坑國小早年的校園學生樂隊。

師了解了學生的勤懇和辛苦，為了讓阿財能早點回到家，於是把下午的課改到午休時間上，中午過後就先行放學。從此，阿財伯便再也沒有在迢遙暮色中踏上歸途的經驗了。

　　聽完阿財伯溫暖的憶兒時，我們登上此處的制高點，眺望蒼翠綿延的山巒起伏——豬肚山下、安坑溪畔的潘家古厝，喟嘆著平埔族文化的消亡。車潮湧現的北二高、此起彼落的社區大樓，則說明了一波波新移民正改寫著它的身世。而後，驀然想起，安坑國小所在的「公館崙」，正是昔日先民們胼手胝足的拓墾起點。

 ### 校園記事簿

西元1899年　「安坑公學校」出生了。
西元1904年　因為人數太少，我們變成「新店公學校」的學生。
西元1908年　我們在學校裡義務勞動，把一些雜草拔掉，這樣就會有更大的校地了。
西元1917年　廖嬌這麼孝順卻發生不幸，實在是太可憐了，我們要用一塊石碑來好好紀念她。
西元1947年　今年發生了流血暴動「二二八事件」，我們的王添灯學長也不幸犧牲了。
西元1998年　安坑100歲囉！「孝女碑」也重新被立起來了。

何日君再來

> （和尚洲）前往台北的交通方面，也有台車可行駛到淡水河畔，生活過得相當平順，唯一令人討厭的是蚊蚋過多的問題。
>
> ——和尚洲公學校第四任校長　石原靜三

「有幾位土地富有且近台北的紳士如李樹華秀才、李聲元秀才、蔡九陣武舉人一族及其他有名望的家族，全都希望盡早為莊民設立教育設施……」西元1898年，日籍教師大橋捨三郎翔實記敘了他與秀才李聲元合力籌措和尚洲新式學校的始末。這年的二月中旬，當地信仰中心湧蓮寺的左側門掛上了「淡水國語傳習所和尚洲分教場」的門牌，幾天後舉行了簡單的創校儀式。絡繹不絕的善男信女，加上三分好奇、七分新鮮的一般民眾，湧蓮寺開課之初，只能用「門庭若市」來形容，那盛況，大概和今天的廟會或夜市差不多。

① 舊稱和尚洲的蘆洲臨淡水河岸，隔著淡水河與台北遙遙相望，昔日漁船輻湊。
② 日治時代的「鷺洲庄略圖」。

再畢業一次

歷經草創階段，學校在1903年搬到位於樓仔厝的新家時，它已經改名為「和尚洲公學校」了。剛剛蓋好的校舍，吸引了民眾新奇的目光，連帶使得學生人數暴增，不過在校史上也曾出現六年級學生「從缺」的窘境，以至於只好把畢業生再找回來重讀一次六年級的趣事——第四屆的蔡東城，就因為這樣，又變成了第五屆的蔡城。

七年後，第一屆畢業生李讚生回到母校任教，這時「和尚洲公學校」已有健全的組織，以及普遍的就學率，師生之間一片和樂

融融。第四任石原靜三校長便回憶道：「就連長女和兒子出生時的熱水，都是在學生們的協助下煮沸的。」從此，這裡就一直是和尚洲地區的中心學校。

那，你知道這個「和尚洲」在哪裡嗎？

數百年前，淡水河蜿蜒繚繞其間的河上沙洲，今天已經發展為人口密集、房價高漲的新興城市。在清代，竹塹僧人梅福曾將這裡納為對岸關渡宮的產業，鄉民因此叫它「和尚洲」。河中小島積水之處總有蘆葦叢生，每逢蘆花盛開，白鷺鷥群聚棲息，在月光掩映之下，一片銀白色的美景，「蘆洲」之名由此而生，而當年的「和尚洲公學校」也就是今日「蘆洲國小」的前身。

🅐 蘆洲國小日治時代的朝會。
🅑 早年蘆洲校園中的棒球運動。
🅒 蘆洲過去盛產柑橘，因此蘆小日治校徽是以四瓣柑橘葉組成。
🅓 日治時代首位台籍郡守──李讚生為蘆洲校友。

「一櫂空明趁晚潮，木蘭舟中鏡中搖，數聲漁笛滄浪晚，十里蘆花渚國遙……」清風徐來，水波不興，騷人墨客於淡水河畔吟詩作對的雅趣雖已不復見，然而，跟著清朝詩人林逢源的〈詠淡水八景詩〉，似乎不難揣想，昔日「蘆洲泛月」的美景。

蘆洲李家人丁旺

翻開蘆洲國小的畢業紀念冊，從老師到學生，三分之二以上都是「李姓」人士，家族勢力如此龐大，這是怎麼回事？原來，蘆洲「李氏」先祖是在乾隆年間由福建泉州府的同安縣兌山村渡海來台的，在此生息繁衍，經歷十數代之後，自然是人丁旺盛，也使得蘆洲一度成為台灣「李姓」居民密度最高的地方。因此，我們今天所知悉的蘆洲地方文人軼事，都幾乎與「李姓」人士脫不了關係，譬如孩子們可以在那兒玩泥巴、如今已被列為國定三級古蹟的「蘆洲李宅」，或是興學不遺餘力的地方聞人李聲元。

李聲元就是李讚生的父親，李讚生自台北國語學校畢業後，曾經返回母校任教，不久

繼續升學，最後取得了京都帝大的經濟系學位。1926年，擢升為台北海山郡郡守，是日治時代第一個任職郡守的台灣人。在其任內，曾經有位日本警察因為不向他敬禮而被調職，這件事不僅令李讚生名噪一時，也讓當地耆老備感光榮，津津樂道。

一代歌后鄧麗君

　　不過，蘆洲國小還有一位大家都耳熟能詳的校友，那就是一代歌后鄧麗君。出生於雲林的鄧麗君，本名鄧麗筠，六歲時全家移居蘆洲，因而進入蘆洲國小就讀。當年教過鄧麗君的廖漢權老師，對她的回憶特別動人：鄧麗君在小學時便已經展露她的歌唱才華，全校師生都知道這麼一位長相甜美、歌聲悅耳的小女孩，小學三年級時，就開始參加大大小小的歌唱比賽，獲獎無數。此外，她也是個乖巧孝順的女兒，父親早年在學校的福利社賣大餅，老師們每天都會看到那個幫忙父親推板車的瘦小身影。說起這位紅顏早逝的華人巨星，廖老師不勝欷歔，眾人心頭也都浮起了微微的惆悵。

　　為了紀念這位早逝的傑出校友，蘆洲國小特在校史室的一角，擺設了許多相關文物，包括她的照片、專輯封面等等；也因此，蘆洲國小就變成眾多小鄧歌迷必定造訪之處。川堂的日式小水池拱橋前，曾經留下她的巧笑倩兮，如今，這張擺放在校史室中的珍貴留影，往往使得到此憑弔的歌迷們感傷落淚。

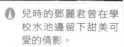

❶ 兒時的鄧麗君曾在學校水池邊留下甜美可愛的倩影。
❷ 蘆洲校史室特闢鄧麗君文物展示區，以紀念這位傑出校友。
❸ 鄧麗君與阿姨於蘆洲校園中合影。

溫馨避難所

　　除了允文允武的李氏秀才與歌聲曼妙的鄧麗君，令師生們印象深刻的，恐怕就是一遇颱風、大雨肆虐便會汪洋一片的「蘆洲記憶」！掛在校園川堂門邊，寫著「蘆洲鄉空襲災民收容救濟站第一分站」的黃色小木

牌，可以帶領我們回到那個動輒水鄉澤國的年代。

地勢低窪的蘆洲，每逢豪雨或颱風，就要上演一齣「水淹金山寺」的戲碼，蘆洲國小自然也不例外，建校百餘年來，卻有八十年飽受水患之苦，因此這裡的師生常自嘲：「蘆洲的水準真高！」諧謔中帶著一點苦中作樂的宿命感。雖然如此，蘆洲國小依然是數十年來全鄉最堅實的避難所。一淹水，鄉親們就帶著一大堆家禽家畜到學校來，慌張的民眾與無辜的雞犬擠在一塊，校園陷入雞飛狗跳的喧囂混亂之中，想來實在既心酸又無奈。老師們除了要協助安置鄉民，也得護送受困的學生返家，有時在涉水途中，迎面浮游而來的是溺斃的雞鴨牲畜，真是走也不是、停也不是。不過，「海水倒灌」卻往往是孩子們最期待的嘉年華會，不但可以趁機放個「淹水假」，在校園積水未退時，還可以優游其中「混水摸魚」一番，捉到的魚蝦都是餐桌上的佳餚，別有一番風味。

早年的蘆洲地區逢雨必淹，當地人苦不堪言。
蘆洲校園水池邊的牧童水牛塑像。

七〇年代，淡水河的沿岸堤防加高，此舉逐漸改寫了蘆洲人的命運。雖然免去了水患之苦，卻引來大批人潮，帶動地價飆漲──「蘆洲舊名和尚洲，蘆葦叢生鷺鷥窩，昔日水災特別多，今日樓高錢又多……」活脫脫是蘆洲蛻變後的真實寫照。雖然不再擔當「避難所」重任，蘆洲國小卻依然是吸聚在地情感的大磁鐵，而大風大雨中「雞犬相聞」的陳年往事，也必然是所有蘆洲人獨一無二的美好珍藏。

校園記事簿

西元1898年　和尚洲的第一所學校「淡水國語傳習所和尚洲分教場」，在湧蓮寺掛牌開課囉！
西元1910年　學校來了位李讚生老師，他也是從「和尚洲公學校」畢業的。
西元1926年　李讚生老師大學畢業，還當上海山郡的郡守呢！真是了不起。
西元1946年　學校改名為「蘆洲國民學校」，我覺得這個名字好聽多了！
西元1959年　鄧麗君學姊今年念小學喔！
西元1982年　蘆洲成立了第二所小學，幫學校紓解人數壓力！
西元1998年　蘆洲國小過百歲大壽，總統爺爺有來祝壽耶！

觀音無語 淡水悠悠

> 坌嶺微茫八里間，連朝吐霧罩鴉鬟；此中定有深藏貌，未許分明見一斑。
> ——清代北台名儒　陳維英〈坌嶺吐霧〉

　　南依偉岸清矍的觀音山、東臨綿延逶迤的淡水河，「坌嶺吐霧」的北台勝景在此交會——八里，本來叫作「八里坌」，是凱達格蘭族八里坌社聚居的地方；又名「海墘厝」，指的是「建築在海邊的房子」。頂罟村的「十三行遺址」和觀音山北麓的「大坌坑文化」，見證了遠在數千年前，這裡就已經是先民安身立命的豐饒之地。清雍正年間，為了扼守淡水河口，在八里設置巡檢，為當時台灣北部最重要的軍防重地。西元1758年，八里與鹿仔港（鹿港）、鹿耳門（台南安平）同列為官方許可之移民口岸，由此造就八里商船雲集、市街林立的繁華面貌，其榮盛之景遠勝過對岸的滬尾。

　　早期的榮景得利於水深港闊的淡水河口，「大船巨舶，輻輳停泊」，然而，年深月久之後，卻難逃泥沙淤積，以至於「沙汕紆迴，暗礁林立，不易收口」的命運。再加上1796年的一場暴風雨，淡水河氾濫成災，沖毀了當地的城牆、街道，居民開始大舉遷往對岸的滬尾。失去了經濟優越性的八里，位

● 由淡水河右岸遠眺觀音山，山腳下便是八里市鎮。
● 曾幾何時八里「船舶輻輳」的榮景不再。
● 八里國小日治時代的學校沿革誌。

居政經要地的盛況不再，從此淡出北台灣的舞台。

天皇石碑在八里

　　商業交通的衰退，讓八里的市鎮發展趨於沒落，連帶使得當地文化教育的起步也慢了幾拍。高齡百餘歲的八里國小，是八里地區成立的第一所新式初等學校，它的前身叫作「海垵厝公學校」。學校的成立，完全仰賴庄長汪式金的熱心爭取，才讓學童不至於因為山路遙遠、荊棘叢生而對上學裹足不前。由於位在偏遠地區，因此公學校創立之初只能借用民宅當作校舍，規模非常

- 八里國小所藏的日治畢業證書。
- 立於庭院的老榕與歷盡滄桑的「御大禮碑」約有八十年以上的歷史，見證了那段天皇時代。
- 西元1936年海垵厝公學校第三十回師生畢業照。

簡陋，往後各項設施也比不上城裡的小學。然而弔詭的是，正因如此，八里國小才得以保留其他都市小學所沒有的古蹟文物。

　　環顧八里國小，最特殊的景觀應屬大門庭院中，那棵近百年的老榕樹和樹下的「御大禮記念碑」。紀念碑的豎立是為了慶祝日本天皇登基即位，老榕樹的栽種也是同一個緣由。

　　「御大禮」指的是日本天皇的登基大典，通常在即位後的三、四年舉行。台灣在日治時代歷經了兩次御大禮，一次是在1915年（大正四年）的大正天皇，另一次則是1928年（昭和三年）的昭和天皇。御大禮期間，日本全國都會舉辦慶祝活動，當時屬於日本殖民地的台灣，自然也不例外。在台灣，最常見的慶祝活動是遊行或植樹立碑，八里國小的紀念碑便是一例，不過根據目前有限的資料，並無法確知此碑是慶祝哪位天皇登基。戰後，一般大眾對於日本殖民統治的相關事物十分敏感及排斥，為了抹去這段令人不愉快的歷史，

紀念碑曾被塗上水泥，直到歷經長年風化，導致水泥剝落，碑上的文字才得以重見天日。

說這塊碑值得一看，不只因為它的歷史典故；在立碑時栽種的老榕，從當年一株弱不禁風的幼苗，經過百年光陰，茁長為綠葉成蔭的大樹英姿，更是迷人。老樹長長的鬚根不斷伸展，輕輕披覆著略微傾圮斑駁的紀念碑，猶如一位慈母擁抱著稚子，流露出優雅動人的儀態。

老當益壯紅磚屋

另一處值得細細品味的，是座落於小學側門旁，大約完成於五〇年代的紅磚校舍。以紅磚為建築媒材在日治時代相當普遍，戰後初期亦十分常見。只因近年國小校園不斷汰舊換新，所以目前相當少見，八里國小的這棟紅磚平房也就很可能是北台灣僅存的「唯一」了。

經過整修的屋頂改鋪紅瓦，而非一般常見的黑瓦，完整的木造雙斜式屋簷，使其保留原有的古典風味。走廊上木造材質的樑柱，可是從1958年起就存在，歷經四十餘年未曾損壞呢！

八里校方曾因紅磚校舍的使用年限已到，向縣政府報請更新，前來勘察的縣府人員對於其「健康」的體質稱讚不已，甚至開玩笑說：「如果這棟教室是危樓的話，全縣肯定

◭ 八里國小校園中紅磚建造的校舍。
◓ 走廊的樑柱依然是四十年前建造之初的舊模樣。

淡水河濱十三行

距今大約1800～500年前出現的十三行文化，其遺址位於淡水河出海口的三角帶，即今之頂罟村，由台大地質系教授林朝棨發掘。十三行文化在台灣歷史上占有重要地位，因為這是台灣目前唯一發現擁有煉鐵技術的史前遺址。玻璃珠、青銅器以及中國漢代至唐代銅錢的出土，說明了十三行人活躍的對外貿易，他們不僅和島內人有聯絡，還可能與中國、南洋一帶的居民往來密切。由陶器的形制與風格之相似性推論，十三行人也很有可能是台灣平埔族凱達格蘭人的祖先。從最早的繩紋陶文化開始，到近代漢文化的傳入，本地都被先民選為居住之所，足可說明八里地理位置的優越以及當時水陸交通的重要性。

有超過半數的校舍也是危樓！」老當益壯
的主體結構，讓全校師生們可以幸福的沐
浴在紅磚老校舍溫潤可人的歷史芬多精之
中，就像這素樸無華的小鎮一樣，即使歷
盡滄桑，仍有沉潛堅韌的生命力，在不為
人注意的角落裡閃耀著歲月的光華！

左岸新生地

數十年前的八里是一片綠油油的水
田，居民們靠山吃山、靠海吃海。在一步
步走向沉寂與沒落的百年裡，八里國小的
校園卻由當初的彈丸之地逐漸擴充，大嵙
江的河川地成了今天的操場，嶄新的教室
一棟一棟興建。曾經，偌大的操場上，只
有一個孤零零的盪鞦韆。當年的學生回憶

斜陽、紅磚、
赤瓦、古樑，
為八里國小的
校園增添了不
少古意。

台北縣政府正
積極再造「八
里左岸」迷人
的河畔風光。

校園印象：「教室前的大榕樹懸垂著九重葛，樹下有一畦池塘，水池中養著我們捉回來的
泥鰍和蝌蚪。」打陀螺、尪仔標、跳格子，與那時代孩童放學後回憶稍稍不同的是，八里
的孩子們卻是在晚上海邊燈火通明的時分，捉鰻魚苗去賣，以換取微薄的收入貼補家用。

這麼一個風味純樸的學習環境，隨著「八里左岸」造街計畫的開展，以及多項即將陸
續完工的重大建設，將會有什麼樣的改變呢？全八里鄉民與我們，皆期待一個具有獨特人
文內涵的校園文化，在此獲得新生。

 校園記事簿

西元 200年	有一群很老的人，住在「十三行莊」，老師說他們很厲害，因為他們已經知道怎麼做「鐵」了！
西元1900年	終於不用走那麼遠去上學了，因為我們有「海垰厝公學校」啦！
西元1912年	我們有了自己的校地喲！學校是不是變有錢了啊？
西元1957年	台大的林朝棨教授發現了十三行人留下來的「寶貝」！
西元1958年	一個叫作盛清沂的先生挖到了一堆更久以前的寶物，老師說那是「大坌坑文化」。
西元1999年	學校舉辦創校一百週年系列活動，整個八里街上都好熱鬧喔！
西元2003年	雖然「沙士」（SARS）很嚴重，不過「十三行博物館」還是照常開幕嘍！

百小精華錄

史蹟相伴我校園

　　在日治時代，台北人有句俗話說：「太平公，蓬萊媽」指的是大稻埕兩所明星小學，一為只收男孩的「大稻埕公學校」，即今太平國小的前身；另一所是「大稻埕女子公學校」，也就是現在的「蓬萊國小」。後者創校於1898年，全名叫作「大稻埕公學校女子部」，當時僅有女學生兩名，1911年才正式與大稻埕公學校分立，不過仍然是借讀於大稻埕公學校內。直到1917年，現址校舍落成後，才搬遷出來。

紅樓夢影

　　在早期，蓬萊除了以其優良的學風著稱外，它那漂亮的紅樓校舍，更讓蓬萊成為台北市最美的小學。回顧過去，蓬萊最早的校舍是紅磚黑瓦的歐式樓房，非常典雅莊重，三面環抱校園中間的大操場，為一所典型的日式馬蹄型學校建築。可惜的是，戰爭期間蓬萊校園遭到盟軍轟炸，泰半教室因熊熊戰火而付之一炬，只剩下學校正門前的行政辦公室。

　　戰後，校門前庭兩側種植杜鵑花園，配以紅樓綠樹，不但學校師生喜愛流連其間，就連路過的民眾也愛駐足欣賞這美麗的景致。然而在1983年，校方見紅磚教室年久失修，樓板腐朽下陷，為顧及師生安全，忍痛將之拆除改建，這批令蓬萊人引以為傲的紅樓校舍便正式與歷史同朽。

與古蹟相鄰

　　至今，雖然紅樓不見了，但是蓬萊國小的孩童們依然與古蹟為伍，因為三級古蹟「陳德星居」與蓬萊僅一牆之隔。「陳德星居」這座國家三級古蹟是台北地區陳氏大宗祠，建於1912年，出自當時的北台名匠陳應彬之手，頗富特色。其龍柱為全台首見的「一柱雙龍」雕飾，屋頂則採傳統與日式風味結合的重簷式，具有清末民初祠廟建築華麗精細的風格。蓬萊國小在校園重新整體規劃時，特將學校景觀與古蹟相融，讓教育和歷史文化能夠相映成輝。

🔔 西元1917元大稻埕女子公學校第七回師生畢業合照。

小蘇州裡大學校

松山國小
台北市八德路4段746號

清領時代有「台北小蘇州」之稱的松山,最早的名字是「錫口」,在凱達格蘭族語裡代表「河流彎曲之處」的意思。因為濱臨基隆河,是當時的重要渡口,凡是從基隆山區要到台北城內的商人,都會順流而下在松山過夜休息,等待天明之時再進城做生意,這樣的地理條件,使得松山因而興盛起來。

媽祖廟辦學校

追溯較早的年代,松山最早的聚落是起於松山慈祐宮四周,慈祐宮這座媽祖廟一直是松山人的信仰中心,更是松山文教事業的起源。松山地區的第一所小學——松山國小,便是誕生於此。

松山國小設立於1898年,創校之初,先是借用慈祐宮的廂房充當教室,作為授課之用。剛開始來上課的學生不多,只有四十六名而已。當時的老師和學生,一定萬萬沒有想到,松山國小會在一百年後,成為台北松山區歷史最悠久又頗具規模的小學。

早年松山國小的朝會升旗典禮。

校園有三老

松山國小校園內有三棵百年老樹,是學校引以為傲的校寶,其中又以位於側門的百年珊瑚刺桐最為珍貴,它可是台北市政府指定維護的百年老樹之一喔!松小的孩子們都暱稱它為「刺桐老奶奶」,雖因外圍闢建道路,使得「老奶奶」的生活空間被迫縮小,但松山校方特將鄰近的教室大樓建「凹」進去,讓「老奶奶」的枝幹能自然的伸展。

另外兩棵比鄰而生的百年老榕,在松小學童們的熱情票選下,也各自有個響叮噹的名字,一棵叫作「不老仙」,一棵名為「萬壽翁」。小朋友常常圍在這三棵樹的周邊歡鬧,與它們建立起非常深厚的情誼。在一次偶然的機會中,學校老師發現竟有孩子到老榕樹旁,向這兩位「爺爺」們訴說心裡的煩惱。原來,這三棵老樹在孩子們的心目中,不只是晨昏相伴的朋友,也已成為傾吐心事的好對象。「老奶奶」、「不老仙」與「萬壽翁」就在這天地之間,悠然的陪伴松小學童也送走了一屆又一屆的畢業生。

松山公學校四十週年校慶。

水波盪漾 美景橫生

▲ 立於景美國小旁的「開道碑」。

百年前，傍著景美溪而建的「景尾公學校」，是當時景尾地區的第一所小學。戰後因政權更易，地名改變，校名也跟著改為「景美國小」。創校至今，景美國小一直是景美區最重要的文教機構，肩負著為地方作育英才的重任，景美人士有一半以上都是從這裡畢業的。

百年金龜樹

景美國小的校區不大，百年來校舍不斷翻新，學校外觀不留一絲走過百年歷史的風霜，只有那立於操場上的兩棵百年金龜樹，靜靜的目睹著景美一路走過的歲月跡履，以及一屆屆景美學童的成長。

百歲的樹木，對於成長超過千年的巨木來說，不過是個稚齡兒童，但對人類的生命而言，卻代表著悠遠的歲月。所以，一個有趣的對比便自然呈現——百年老樹，如果生長位置剛好在學校裡，就成為學校的重要歷史資產，但若從德高望重的千齡古木的角度看來，這些百年老樹卻宛如歲月之路的一小步！

景美校園中的百年金龜樹，便是景美當地的寶貝，被台北市政府列為百年老樹古蹟；而且，金龜樹是台北城內少見的樹種，年紀已逾百歲，更顯得彌足珍貴。兩棵老樹共立校園，地方民眾總愛稱它們為「夫妻樹」，兩株樹幹上皆樹瘤纍纍，糾結成塊，形態極為優雅，樹梢上的青翠搖曳生姿，羽狀綠葉令人充滿著浪漫想像。在樹下有座大象造型的溜滑梯，是孩子們最愛玩耍的地方，學童們嬉鬧的笑語，和著清風吹過樹梢的低吟，構成一篇美麗的樂章。只要曾為景美國小的一份子，必然不會忘記那一段在金龜樹下嬉戲的童年。

流浪的石碑

景美國小停車場的圍牆邊有一座「景美開道碑」，記載著日治時代景美區的道路開發史，迄今已逾九十載。當時，因拓寬景美街並開闢木柵路，地方人士捐款共立開道碑，簡述景美區重要幹道的開闢始末，以資紀念。到了戰後，由於碑文內容有歌頌日人功績的文字，曾經遭到拆除，流落他方。後來，有地方文史工作者無意間於二二八和平公園內尋獲此碑，經文建會協助，於1997年8月配合景美國小一百週年校慶，在景美橋頭重新舉行揭幕儀式。所以，流浪的石碑重歸故里，景美國小師生頗有失而復得之感，此碑也更顯彌足珍貴，這可是造訪景美校園，絕不能漏掉的史蹟喔！

觀音霞光 大屯雪影

舊名「滬尾」的淡水，山河環繞，景致優雅，人文薈萃。十七世紀初期，漢人的足印開始踏上淡水，與此同時西班牙人也於1626年來到此地。十二年後，荷蘭人打敗西班牙，占領淡水。直到1661年，鄭成功擊敗荷蘭人，淡水才又換成漢人當家作主。

西元1860年的北京條約，要求基隆、淡水、台南、高雄開港通商，從此開啟了淡水最輝煌耀眼的時期，直到1895年台灣割讓日本之後，淡水的風華才開始慢慢走下坡。這樣富於傳奇性的歷史背景，無形中塑造了淡水異於全台，擁有獨特的異國情調和國際色彩，吸引眾多的遊客來到淡水一探究竟，於是現今每到假日，此地的市街總是舟車頻繁。

淡水第一名

清領時代的淡水街民曾在文昌祠內設立私塾，讓淡水的小孩子學習書法、三字經和千字文等，不過到了日治時代便被迫停辦，轉而開啟小學教育。1896年，台灣總督府創辦的「滬尾國語傳習所」，沿用清代的私塾作為授課場所；從此淡水孩子開始接觸另一種截然不同的教育體制。七年後，校舍正式搬到現址，先是改名為「滬尾公學校」，不久再改為「淡水公學校」；戰後，正式定名「淡水國民小學」。淡水附近現有的小學，都是先後從淡水國小分出來的，所以，淡水國小也可以說是淡水所有小學的母校，而這裡更是淡水地區的第一名校。

前些年淡水國小曾名噪一時，因為這裡出了一位總統校友——李登輝，不過淡水國小人才濟濟，傑出的學生可不只有這位總統校友而已，像是台灣第一位醫學博士、國際蛇毒專家杜聰明，〈阮若打開心內的門窗〉的作詞者王昶雄，以及前立法委員盧修一也都是淡小校友。其中王昶雄先生甚至替淡水國小的校歌填詞，歌詞意境悠美，堪稱戰後小學校歌的上乘之作。

由此觀之，稱淡水國小為台北的文化搖籃，一點也不為過。現在的淡水校園依然充滿著人文氣息——每一學年皆出一本學生文集《淡水囡仔情》，其中一句句字語、一篇篇文章都代表著淡水孩子最真摯的情感，最無邪的心情，而這樣的學風也將伴隨著淡小繼續走下去。

🅰 日治時代的淡水公學校大門。

太子樹下風光美

　　位於台北後山的石碇鄉，向來以老街上的「吊腳樓」、豆腐、文山茶著稱，現在的年輕人也常喜歡到此一遊，既可尋幽，又可懷舊，殊不知現在風風光光的石碇鄉也曾有一段盛極而衰的過往。

穿越茶市上學去

　　石碇鄉，在清領時代曾經是淡蘭古道的中繼休息站，也是景美溪水運的終點，所以自然形成人群薈集的聚落。日治時代因為煤礦的相繼開挖，石碇得以更加繁榮，然而日後隨著礦業逐漸衰退，交通路線取道他處，山城也就跟著日趨沒落。近年來，社會上的懷舊風潮加上週休二日，石碇才又出現繁榮景象。來石碇遊玩的旅客大都會到石碇國小校園內歇歇腳，卻很少有人知道這裡可是石碇區最早的小學喔！

　　位於石碇西街正對面的石碇國小，早年學校校門前的大廣場是石碇茶市所在。一早，山上茶農將茶葉一擔擔挑來此出售，各地的茶販也湧來採購，廣場上常常擠得水洩不通，賴床晚起的學童遇上人潮，還因此無法順利進學校上課呢！

🔊 日治時代學校手工課上的「竹掃帚DIY」。

　　雖然，昔日校門前的茶市已不見蹤跡，但學校裡還是保有幾處尋幽訪古的勝地。

永懷師恩

　　石碇校園裡，最令人們流連忘返與回顧再三的，就是臨溪而種的「昭和太子樹」，這排樹可是大有來頭。據說是日治時代，校方為紀念當時的皇太子裕仁來台遊覽時所種植的，歷經百年時光，現在已經是綠樹成蔭、枝葉扶疏了。週末假日時，到石碇山區登山的遊客總愛在這裡稍事休憩，享受一片綠蔭的清涼，順便欣賞對岸石碇老街的風光。

　　相較於昭和太子樹的旺盛人氣，石碇國小後山的「創立三十週年記念塔」，則是較鮮為人知的校園史蹟。這座碑離校區約三、四分鐘的路程，是1933年石碇國小建校三十週年，由畢業校友們合資捐建的，上面除刻有「建校記念」的字樣外，還有日治時代在石碇服務過的教師芳名，要石碇一代代的孩子們永遠謹記師恩難忘。

🔊 位於石碇校園後山的「創立三十週年紀念塔」。

水清雲柔話光復

日治時代在宜蘭市內共有三所小學——宜蘭公學校、宜蘭小學校、宜蘭女子公學校，正好都圍著宜蘭公園而建，其中以宜蘭小學校規模最小，但師資和設備都最優良齊全，因為這是所專為日本子弟所創辦的學校，開設於1899年。在戰後這所學校改名為「光復國小」，由於戰前所奠定的優良基礎，成為宜蘭地區的最重要明星小學。

雖然光復國小的前身是宜蘭小學校，但是它現在的校區已非原本位於宜蘭公園旁的校址了。二次大戰期間，「宜蘭中學校」設校，並借用此校的校舍上課，到了戰後，小學校的日籍學生全被遣返日本，政府當局一度想要廢校，幸賴當時宜蘭市長支持得以復校，但光復

光復國小早年的母姐會表演。

國小原有校舍均已挪為「宜蘭中學校」改制後的「宜蘭省中」所用。原本是「主人」身分的光復國小，只好到處借教室上課，過著寄人籬下的日子，直到1954年才在現址落地生根。這樣的境況是戰後初期許多小學都曾面臨的遭遇，也因此，現在的光復國小很難讓人聯想到它是一所百年老校。

光復校園一角。

五〇年代防空洞

即便如此，光復國小還是有不少有趣的事物，像是位於校園角落那扇紅色小鐵門，一般人經過這裡，很少會去探究一番，事實上，這扇小門後面是一間防空洞，這種校內設有防空設施的情形在五〇到七〇年代的台灣極為常見。校園裡的這座防空洞便是在六〇年代所留下的，但如今早已廢棄不用。

近年來光復國小校方一直努力尋回往日歷史，藉著百年校慶的機會，訪問到多位老校友和教職員，也留下了珍貴的口述歷史，成績斐然。歷史是不死的，相信只要人們肯用心挖掘，細心維護，歷史會一直為時代的人們訴說精采的故事。

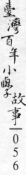
藝術漫遊

　　西元1898年宜蘭羅東鎮上第一所小學——羅東國小成立了，在設置之初，羅東國小也和其他學校有著相同的境遇，必須寄人籬下，當時校方是借用羅東的信仰中心大眾廟（今城隍廟）的廂房上課。剛開始，廂房的空間尚且夠用，日子一久，學童人數日逐漸增加，再寄住廟裡上課實在很不方便，幸好熱心教育的地方士紳張能旺出手相助，獨資捐建校舍，羅東國小師生從此才擁有屬於自己的校園。

有氣質的校園

　　西元1928年，羅東建校三十週年時，校方為了彰顯學校創設的艱苦，並表揚張能旺捐地之功，便立了一座「德被斯文」碑，以茲紀念。除了日治留下的建校紀念碑外，還有一座「尊親精神堡壘」，這座雕塑藝術於建校八十年時，由名雕塑家楊英風依羅東的教學宗旨——「尊親」而親自設計，是羅東校園中最具代表性的藝術作品。

🅐 羅東國小可愛的學生鼓樂隊。

🅑 戰後的羅東國小學生們，粉墨登場的歌仔戲表演。

　　說到藝術，羅東國小和文化藝術的淵源不僅止於尊親碑，本土知名的水彩畫家藍蔭鼎先生也是羅東國小的校友，而且還曾在二○年代回到學校擔任美術老師長達九年，和母校的感情深厚。其後北上台北任教，並習畫於當時的台灣日籍美術大師石川欽一郎，受其影響甚深。藍蔭鼎生前有多幅作品便是將家鄉景色入畫，讓藝術的價值與家鄉的美麗同垂不朽。

　　這樣充滿人文藝術氣息的校園，就這麼走過了一世紀；校方在籌辦建校百週年紀念活動時，收到遠自日本捎來的一封信——日籍老師千秋武雄，祝賀這所曾伴他走過年輕教學歲月的學校歡慶百週年，並回憶著六十年前的校園景色：「記憶中，有校門旁邊那棵筆直參天而根深屹立的百日紅大樹……，體育課時，大家赤著腳成四排縱隊，一面歡呼，一面繞著南門河畔跑；背著畫板到校外去寫生。」千秋老師在信中提及的百日紅，早已消失於羅東校園，但是它筆直參天的樹蔭，依然遮護著當年師生的心靈歲月、永永遠遠……。

美崙溪畔斜陽照

花蓮地區開發的時間較台灣西部地方，甚至是北方的宜蘭要晚了許多。直到清代中葉才有漢人搭乘船隻，自花蓮南端海岸登陸，開發「後山」。當時漢人登陸的港口叫作「南濱仔」，也就是現今台灣東部最美的一個港口——花蓮港，那時花蓮還只是個天然的小漁港。直到日治時代，日人有計畫的開發花蓮時，才在1931年興建近代化的人工港口。

青山綠樹環抱的明禮校園；遠遠望去，還可看見美麗的太平洋。

百年老榕護明禮

雖然花蓮地區開發較晚，但早在1898年就已成立了花蓮境內第一所學校——明禮國小，當時叫作「台東國語傳習所奇萊分教場」。位在「花蓮」的學校，名稱卻與「台東」有關，乃是因為當時花蓮還未開發，於是附屬鄰近的台東管轄。過了七年，明禮國小正式獨立稱為「花蓮港公學校」，成為花蓮地區最重要的初等教育機構。由於日本政府想要把台灣東部規劃成日本人移民海外的模範區，因此計畫性的引進日本移民和日籍財團，對東部如此積極開發，花蓮便漸次興盛起來，學校也在1927年改成充滿政治意味的「明治公學校」；到了戰後，校名才換成現在的「明禮國小」。

明禮國小的學生舞蹈表演。

明禮國小是個由青山綠樹所圍繞的美麗校園，著名的美崙溪亦正好流過校門前，為學校景觀添增不少景致。校園內有三棵百年老榕，並列操場前，被明禮人封為「明禮守護神」。老榕樹枝葉優美，綠蔭敝空，樹幹粗壯，盤根錯節，顯得老而彌堅，陪伴著一批批「明禮人」走過快樂的童年時光。同時，它們也盛載了明禮國小歷經的百年風霜，看著人物來來去去，老樹雖然無語，卻屹立校園，見證歷史。

除了校園老樹外，位於美崙溪畔的日式教師宿舍，至今保存得非常完整，古色古香，名列為花蓮市十景之一，在黃昏時分走過美崙溪畔，木屋斜陽，別具一番風味喔！

夏耘

【桃竹苗】

春末夏初的桃、竹、苗　正是滿山遍野的五月雪

遙想當年客家義軍出征時　可曾望見這片雪白油桐花

乙未割台　多事之秋　子弟們仍不忘文化的承續

新式教育如野火開展

窮鄉僻壤裡學校一一誕生

於是

客家莊的百年小學

另有一種歷史風情

百年崁津風華

> 飄搖幅幅似張弓，欸乃聲催兩岸風，點指石門明滅裡，大溪景似畫圖中。
> ——崁津吟社〈崁津八景·崁津歸帆〉

金烏方落，大漢溪上的大溪橋華燈初上，展現其絕代風華，這座充滿巴洛克風格的老橋，曾是大溪最重要的交通孔道，過去它是一座鐵索吊橋，橫臥溪上的美麗姿態，曾被詩人喻為「飛橋臥波」，名列「崁津八景」。此處的「崁津」指的便是大漢溪上最耀眼的一顆明珠——大溪！大溪舊名「大姑陷」，原是凱達格蘭語中的「大水」之意，後因字句過俗，乃改「大嵙崁」。大嵙崁自清領至日治，一直是大漢溪流域最重要的貨物集散之地，水運盛極一時，地方繁榮富庶，於是桃園台地上，第一個新式初等學校——大溪國小，就在大溪老街旁誕生了。

ⓐ 大溪舊名「大姑陷」，有「大水」之意。
ⓑ 昔日大溪的河運曾盛極一世。

洋樓話歷史

一走進大溪國小的校門，矗立眼前白色巴洛克風格的洋樓令人感到一陣心動，它沉靜而典雅，散發著一股濃厚的日治色彩，也透顯著百年來的歲月光華。現今全台灣眾多小學當中，保有舊式建築的不多，擁有懷舊式洋樓建築的更少，大溪國小的這座建築，真可謂與眾不同。走進裡面探訪一番，一步步順著樓梯迴旋而上，進入眼簾的是校長室，而位於校長室鄰間，正對著校門的大廳，則是大溪國小的校史館。

校史館裡的各種擺設，都帶著淡淡的舊式東洋風格，舉目所見，盡是珍貴的文物以及老照片，大廳兩側掛滿了建校有功，或是對學校有卓越貢獻的士紳肖像。

1 日治時代的大溪校門。
2 大溪國小的行政大樓是巴洛克式建築。
3 大溪建校功臣「大溪六君子」的其中二位。

隨著室內陳設的老舊物品緩緩巡覽，彷彿穿越時光的阻滯，我們又看到了幾十年前，眾人奔走建校時的艱辛場景。

時值日治時代，大嵙崁的第一所新式教育機構——「台北國語傳習所大嵙崁分教場」於西元1897年成立，隔年台灣總督府公佈〈台灣公學校規則〉，將各地設置的國語傳習所，全部改為公學校。希望經由學校教育，在極力推行日語外，也能推動初等教育，以及因應開發台灣所需的實業教育。當時大嵙崁地方士紳深感建校機會難得，因而發起組織建校委員會申請設校，並將原先的「大嵙崁分教場」改制為「大嵙崁公學校」，即今大溪國小的前身。

六君子義舉

熱心教育的士紳們往來奔走，成立了學務委員會，一方面籌資建築費用，一方面尋覓校地。1905年，日本政府實施土地政策，將大批土地交給日人所屬「三井株式會社」。眾人義憤填膺，呂建邦被推為代表，肩負使命拜訪日本當局，要求土地歸還民有。周旋數次，幾至入獄，直到1908年，日人方才歸還六十餘甲土地。之後，士紳們再度成立「學田學務委員會」，積極展開學田開墾計畫，並向當時的勸業銀行（今土地銀行）借得五千日圓開墾費。六位學務委員們於是各自出資，買地開墾，在1917年，將墾好之田悉數捐予大溪國小作為學田，每年所得收益或當學校經費，或救濟貧寒學

⬆ 日治初期林本源家族領導者──林維源。

◐ 1942年大溪最後一任日籍校長渡邊逸平與台籍教師吳德火的合影；三年後的大溪國小，便是自兩人手中完成中日交接。

◑ 日治時代大溪國小理科教室的上課情況。

⬇ 體育課上打「野球」的情形。

生，義行深獲鄉里感激。眾人將這六位出錢出力的地方士紳，敬稱為「大溪六君子」，他們的肖像至今仍掛在大溪國小校史館中，表彰其建學之功，成為地方永傳不朽的美談。漸漸的，因學生人數不斷增加，原有校舍無法容納，學務委員們便商請大地主林本源家捐贈校地，即成為現在大溪國小所在。

了解建校背景之後，再看看校史館內一張張的老照片：馬背式的一樓平房、蒼鴉老樹、泛白的黑板、理著平頭的小學生、赤腳打野球的小選手們、各課室裡穿著一襲中山裝教學的老師們，加上相片的圖說還夾雜許多日文……，不同的時空、人物、背景，讓人也彷彿跟著跨越了歷史的長河，亦對生命的過往與消逝感到動容。

步出校史館，在校園裡隨興遊覽，你不難發現這所百年小學，除了許多時間才能創造出的寶物之外，還因「作育英才」有成，可看到傑出校友回饋母校的跡履。例如：第23屆校友李獻章，「百尺竿頭更進一步」，成為旅日文學博士，並於1965年成立「李獻璋獎助學金」，獎助母校成績優良的學生；第35屆畢業校友，如今的旅美博士黃振榮，亦回校設立「傳房獎」，以獎勵優秀學生。1988年時，他更斥資捐贈「黃振榮圖書紀念館」回報母校，鼓勵後進。其他多位校友捐建之「蘭暉亭」、「思源池」、花園數座，以及「崁津之聲」等具有象徵意義的建築，由此可見大溪國小欣欣向榮、似晨曦初起的蓬勃朝氣。

大溪少棒

現今棒球運動風行，一般人皆以為其盛況必是源自五十年代台東「紅葉少棒隊」的成功，為台灣在國際間打響了少棒名號，因而帶動國內的少棒運動風氣，但事實並非全然。

台灣少棒運動始於1922年，也就是八十多年前的日治時代，由於野球（今棒球）是日本人所帶進的運動，剛開始也僅遍及於日本人就讀的小學校，當時的台籍人士認為這項運動十分粗魯，加上經費、師資不足，所以接觸不多。直到1930年，大溪地區才開始組織四支少棒隊，分別由大溪公學校、大溪小學校、員樹林公學校和龍潭公學校所組成，四校校隊定期舉辦循環賽，其中以大溪小學校（日人子弟就讀的學校）戰績最好。其餘三所均以打敗大溪小學校為最大心願。數年後，歷經多番磨練，大溪公學校的少棒校隊終於在1936年將大溪小學校一舉打敗，取得大溪地區代表隊的資格。值得一提的是，今日在棒球界中令人尊敬的前輩——簡永昌，也是當時大溪少棒隊的一員。

○ 大溪少棒隊在大溪郡少棒賽中，所贏得的優勝錦旗。
▽ 西元1937年大溪公學校少棒隊的小選手們，與師長一起合影。

蔣總統做鄰居

說完大溪國小日治時代的風光事績，也提提戰後的傳奇吧！不管戰前戰後，大溪的好山好水一直受到當政者的喜愛，日治時代的日本當局為紀念裕仁太子來台行啟，於大溪公學校後方蓋了一座行館，這座行館在戰後成為蔣中正總統的渡假別館，於是大溪國小就成

崁津之聲——崁津吟社

大溪是昔日大料崁溪（今大漢溪）流域的重要河港，船隻往返津渡之所，因此大溪地方上的文人將之雅稱為「崁津」。在日治時代，日本當局實行皇民化教育，並限制的民間漢學教育發展，許多台灣文人便私下組成詩社，抒發己志，並從事漢學文化的延續。1924年，大溪名士呂傳琪邀集好友十餘人於七夕當日成立了「崁津吟社」，每年春季的文昌君祭日、秋天的孔子誕辰以及七夕社慶，崁津吟社都會有盛大的例會，詩歌酬唱。

呂傳琪字釣璜，畢業於台北國語學校，後執教於大溪公學校，私下亦於地方上開設育英書塾。呂傳琪死後，崁津吟社失去中流砥柱，但未因此沒落，反而曾於1957年承辦台灣省中北部詩人集缽聯吟大會。但是隨著現代詩的興起，傳統漢詩僻居消隱，崁津吟社不得不在六〇年代解散，從此消失在大漢溪畔。

了總統的鄰居。有時蔣總統伉儷到大溪行館小住時，還會到大溪校園拜訪小鄰居們，大溪的學童在總統生日時也會到行館表演為其賀壽，而當地也流傳著許多與蔣中正總統有關的軼事。據說有一回，大溪國小的學生在市場旁的三角公園玩耍，因為當時的學生必須剃光頭，冬天裡寒風颼颼，碰巧讓蔣總統瞧見孩童光著頭在冬天裡吹風，他於心不忍，於是特地下令大溪國小學生免除剃光頭的規定。不過如今此事真假已不可考，或許也無人願意細究真假，因此我們寧可相信這則溫暖的小故事吧！

- 大溪老街上的巴洛克式牌樓建築。
- 1955年大溪國小師生為蔣中正總統祝壽。

遊走大溪

　　到過大溪遊玩的人都知道大溪國小的地理位置極佳，正好位在大溪運動公園及和平、中山兩條老街之間，所以四周可遊覽的美景與小吃不勝枚舉，例如「頂港有名聲，下港尚出名」的大溪豆干，就在大溪國小隔壁的老街上，而在學校正前方的傳統市場內，也有知名的「賴媽媽豆花」和「百年米糕」，下回到大溪記得到這些地方走走吧！

 校園記事簿

西元1897年　「台北國語傳習所大嵙崁分教場」出現了。
西元1905年　呂建邦、呂鷹揚、江建臣、王式璋、黃石添、黃玉麟，「大溪六君子」為找校地而籌錢奔走。
西元1919年　學生愈來愈多了，林本源家族捐贈校地給我們耶！
西元1935年　學校鋪設自來水管線了！
西元1955年　蔣中正總統在大溪過生日，我們代表全國各界去為他祝壽呢！
西元1989年　黃振榮博士紀念圖書館蓋好了，真的很新、很棒。
西元1997年　我們是桃園縣第一個過一百歲生日的學校喔！

風城文化搖籃

> 雖然我使勁地翻山越嶺，眼前仍然是崎嶇的山路，
> 啊！原來這是人生應有的閱歷。
> 西天已抹上一片葦絢爛的霞暉，早使小鳥展翅歸來，澗水湧出濃厚的鄉愁。
>
> ——著名童謠作家　周伯陽〈深山之秋〉

新竹早年是平埔族竹塹社活動的區域，故舊名「竹塹」。早在西元1626年，西班牙人就從海路來到新竹沿海的紅毛港，於此地建立要塞。後來，荷蘭人將西班牙人擊退，順理成章的接收所有資源，積極教化原住民部落。明鄭時代，依然延續荷蘭人開發基礎；及至清代，南部大陸移民的墾拓範圍，漸漸擴大至北台灣，於是新竹一躍成為北台漢人開拓重鎮。台灣割日後，日本人在此展開都市規劃，設計棋盤式的街道。戰後，清華、交通兩所大學成立，科學園區在此設立，新竹儼然為台灣的「矽谷」。

🅐 1908年新竹公學校第六屆畢業生於臨時教室前合影。
➲ 百年來，竹小校園孕育出許多的竹塹聞人。

地靈人更傑

這麼一個地理優越之處，自然是人才備出，像是台灣首位律師蔡式穀、商業鉅子吳火獅、畫家李澤藩、中研院院長李遠哲、飛躍羚羊紀政等，都是在這裡長大的，而他們小時候也都就讀同一所學校——新竹國小。來到新竹，若問起新竹地區的百年老校，老新竹人

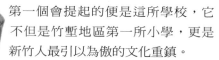

- 新竹國小校徽自「一公」時期沿用至今。
- 1948年新竹國小五十週年校慶的景況。
- 立於竹小校園中的「知識之基」為畢業校友所贈。
- 日治初期新竹國小的師生畢業照。

第一個會提起的便是這所學校，它不但是竹塹地區第一所小學，更是新竹人最引以為傲的文化重鎮。

這裡最早的教育從1896年開始。那時正是〈馬關條約〉簽訂後的隔年，日本人為了加快同化台灣的腳步，將新竹西街的「明志書院」院址，改設為「新竹國語傳習所」。隔年，因總督府欲配合民情、拉攏人心，而加設漢文科。此後，為了方便竹塹地區的日人子弟就學，再附設小學科，此一科後來獨立為「新竹小學校」。1898年，依台灣總督府頒布的〈台灣公學校規則〉，在國語傳習所就地開校，校名為「新竹公學校」。

在那保守的年代，學生人數缺少，女學生更是少之又少，為鼓勵女子就學，學校教職員還挨家挨戶探訪，說之以情，動之以理，終於有五十三名女學生入學，然而經過半年後，僅剩十五名，相較於男學生一三一名，男女比例相差懸殊。然而好景不長，由於當時的中途輟學率極高，因此到了1903年的第一屆畢業生，竟然僅剩男生兩名！

1906年，孔子廟重修完工，學校轉設於此，同時地方士紳對於校舍擴建，亦籌措經費贊助，最後在1937年遷入現址，校名也從「新竹公學校」，再更名為「新竹第一公學校」，戰後曾改為「新竹第一國民小學」、「新竹國民學校」，直到1968年，才正式定名為今日的「新竹國民小學」。就因為竹小的校史悠久，漫步在竹小的校園中，到處都有新奇的發現。

百齡樓 歐洲風

從新竹國小大門走進，眼前所見第一棟建築物便是竹小最古老的校舍——百齡樓，它是1937年竹小遷到現址時所建。當年正逢日本留歐學人歸國潮——其中包括許多建築學者，因此當時台灣一批正在興建的政

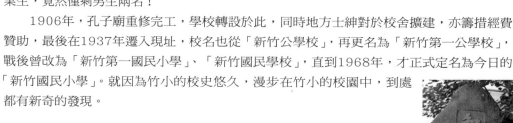

府機關或學校，像是火車站、銀行、公賣局、大學校舍等，都是由這些留歐學人所規劃、設計和建造，新竹國小校舍也不例外，百齡樓和學校大禮堂都是當時的產物，因此充滿歐洲近代建築藝術的風情。

百齡樓的建築風格既沒有華麗的雕塑，也沒有豐富的面磚拼花，僅以簡潔的幾何線條作為裝飾，與當時台灣的建築風格相比，可說是相當樸實。其門面屬於山牆式建築，但不具巴洛克式的華麗繁複，川堂門柱則是日治洋樓常見的枋錘柱，而牆與牆的轉角是圓弧收邊、外方內圓，整體建築型式以簡單的幾何線條勾勒出建築的典雅，非常美觀大方。雖然當時是用糖、糯米、貝殼屑混和砌牆，但這些建築物屹立七十多載而依舊堅固如昔。

S玻璃星花水池

走在百齡樓一樓走廊上，如果細心點，會發現一個特別的景觀，那就是各處室的窗戶，總有幾塊玻璃上會刻「S」字樣。這是在二次大戰期間，由於台灣的物資非常缺乏，學校擔心會有人將學校的玻璃偷回家，所以便將玻璃刻上「S」字樣，代表是新竹國民學校所有。歷經五十多年來的校園改建和汰舊換新，目前校園中的S窗已經所剩不多。所謂物以稀為貴，如果有機會走在百齡樓的長廊上，別忘了數數看新竹國小的S窗還有幾塊喔！

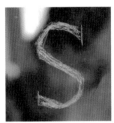

🔺 竹小校園中特有的「S」窗。

🔵 新竹國小的校園古蹟──百齡樓。

花園裡的洋娃娃

「妹妹背著洋娃娃，走到花園來看花……」這首街頭巷尾到處傳唱的兒歌，人人耳熟能詳，卻很少有人知道它的歌名是什麼？作者又是誰？其實這首歌叫作〈花園裡的洋娃娃〉，原創者正是新竹國小第十二任校長蘇春濤先生。1951年，蘇校長有鑑於當時台灣的童謠，多為〈長城謠〉等生硬的抗戰歌曲，乃與師院同學，亦為新竹國小校友的周伯陽先生合作，由蘇春濤譜曲、周伯陽作詞，共同創作出這首易唱順口的本土兒歌。

這首歌最初發表在當時一本名為《新選歌謠》的雜誌上，並為廣播電台錄製播放，從此紅遍全台，最後更被收入《世界童謠大全》裡，成為傳世之作。有這樣的結果，大概是兩位創作者根本始料未及的吧！

再走到座落在校園內庭的禮堂裡看看，它是1938年動工興建，較百齡樓晚一年，但相較之下，它的建築風格有如聯合國似的，擁有各種時期的建築特色。禮堂的每扇入口處都有綵帶狀邊弧的裝飾，有歡迎嘉賓之意，窗戶則呈現方、圓等形狀，具多樣性的變化而不顯單調，再加上校方將窗框漆成咖啡色，映襯著淡黃色的牆面，使窗台更顯得立體。如果登上新竹國小校舍二樓，更可清楚看出禮堂的整體造型，屋脊呈歇山式，是典型的日式洋風屋頂，屋頂原來鋪的是黑瓦，現已換成紅色的鐵皮屋頂，雖與原來的建築看起來並不搭調，但配上環繞四周的蒼松翠木，仍別有一番古味。

竹小的歐式水生池造型獨特，在台灣的庭園造景中，相當罕見。

古樸典雅的新竹小學老禮堂。

在禮堂旁尚有一座日治時代留下來的歐式水生池，水池的基座是圓形，第二層是一朵重瓣花，最上一層則是一顆六芒星，這樣的造型和三重的形式在台灣庭園造景中是相當少見的。這種造型有何意義，竹小校方翻遍學校文件都無法找出答案，或許只能說是當時設計師的特有創意吧！此外，圍繞在水生池四周的花圃，個個形狀皆近似台灣島，這當然也是竹小校園中的另一種創意。這些花圃

台灣第一位律師──蔡式穀

蔡式穀（1884~1951），幼名乞，號春團，竹塹北門人。天資聰慧，入新竹國語傳習所就讀，畢業後考入總督府國語學校師範部。曾在新竹公學校、桃園公學校任教，之後負笈日本，考入明治大學專攻法律。日治時代，台籍人士取得辯護士（今律師）資格相當艱難，蔡式穀十年苦讀，在1923年取得辯護士及格，是台籍第一人。後來，他在大稻埕開業，並投身政治運動，在台灣文協舉辦的文化講座，擔任法律講師，由於內容多觸犯當局因此屢被禁講。蔡式穀在當時法界是位領導人物，擔任過台灣律師協會理事、台北律師公會常務委員等職。戰後，受聘為台灣省文獻會委員，晚年病逝台北。

主要是栽種杜鵑和黑松，其中黑松是自當時的新竹神社移植過來的，正好和竹小同個歲數，黑松終年青翠樹形蒼勁有力，是竹小師生們的教學良伴。

禮敬奉安室

　　除了校園中的古蹟景點外，新竹國小還藏有一間珍貴的寶室，那就是位於百齡樓二樓的「奉安室」。竹小舊時的師生或許都還記得，在日治時代一進校門就得對著放有明治天皇頒布的教育敕語謄本的奉安室敬禮。新竹國小的奉安室有著兩扇黑色大門，如同銀行的保險庫大門一般厚重，只要打開它便像是打開小叮噹的時光機，回到了過去。

　　目前奉安室裡面存放著竹小歷年的學籍資料，包括各個傑出校友的在校成績，以及大量校史文物與舊時教具，當然最受注目的文物仍非昔日放置敕語的奉安箱莫屬。新竹國小的奉安箱較其他學校來得大且基座也保存的相當完好，一般的奉安箱多是用密碼鎖，但竹小卻是用鑰匙，內部的陳設也是富麗堂皇，只可惜和其他學校一樣，並未留下完整的文物。

➊ 新竹國小的奉安箱。
➋ 奉安室的大門。

一門七博士的教育家——李澤藩

李澤藩（1907~1989），出生於新竹武昌街。從小困窮，深知唯有努力才能出人頭地，此態度對個人藝術創作及子女教育有極大影響。台北師範學校畢業後，任教於「新竹第一公學校」，後曾到師範大學及國立藝專開課。其創作原則「觀察自然、把握靈感、大膽嘗試、用各種方法表現到底。」
對於孩子的教育，不論負擔多重，他也盡力成全孩子求學志願，也因此創造了一門多博士的「不可能任務」，而次子李遠哲於1986年獲諾貝爾化學獎，為台灣貢獻卓著。

彈孔下的歲月

　　位於新竹國小正門圍牆邊那排椰子、蒲葵……等老樹，全身上下傷痕累累，仔細一瞧，就連百齡樓面對校門的那面牆，也是同樣的狀況，這可不是竹小學生惡作劇，而是戰爭留下來的遺蹟。在二次大戰時，台灣是日軍的南進基地，所以戰爭末期時，美軍曾大肆轟炸台灣島。由於當時竹小有日軍駐紮，而百齡樓樓頂則成為射擊砲台，因此自然就成為美軍轟炸的目標之一，於是百齡樓的牆面及周遭校樹，全遭到砲彈無情的攻擊，紛紛掛彩，留下坑坑疤疤的傷痕。雖說有這樣慘烈的遭遇，但這些彈孔牆和彈孔樹現今仍然矗立在校園中，為戰爭的殘酷留下活生生的見證。

🔺 庭園中的蒼翠校樹，陪伴竹小走過百年。
🔻 新竹校園的彈孔樹。

　　撫著彈痕斑斑的牆面，遙想著竹小的過去，昔日這座校園培育了台灣民族運動的守護者，白手起家的商業鉅子，田徑場上的羚羊；位於校園側門前的「諾貝爾獎紀念碑」更告訴我們，台灣第一位諾貝爾獎得主也是出自這兒，時至今日，竹小依然是竹塹的文化搖籃，風城人永恆的驕傲。

校園記事簿

西元1896年　我們學校的前身「新竹國語傳習所」誕生了，那時是在新竹明志書院裡上課的喔！
西元1898年　竹塹地區第一所小學——新竹公學校成立了。
西元1906年　孔子廟重修完工了，學校改設在這裡囉！
西元1939年　今年我們有了第一本校刊《笹の雫》。
西元1945年　因為打仗，一片砲聲隆隆，全校停課。
西元1986年　李遠哲學長得了諾貝爾化學獎，好厲害喔！
西元1998年　學校百週年校慶時，有好多傑出的學長、學姊都回來幫學校慶生。

百齡同心

東西求學略相同，鑑古參今信有功。最要讀書能理解，不宜徒作蠹魚攻。
空負才名惹世嗤，通今博古究何為。未求學問先求品，聖訓由來不我欺。
——日治竹塹詩人　林鍾英〈示兒二首〉

　　西元1904年，日治時代竹塹地區知名的「田園詩人」——林鍾英，自新竹北門境福宮內的「樹林頭公學校」畢業。他是樹林頭公學校第一屆畢業生，領的還是「第一號卒業證書」，剛入學時，尚有五十餘位同學，畢業時，卻只有他和弟弟倆完成學業，因為同學們都中途輟學了。兩個人的畢業典禮似乎有些冷清，但其實當時小學的畢業典禮也大多如此。

　　大部分老新竹人都知道，新竹市北門一帶在日治時代叫作「樹林頭庄」，清代時，是竹塹城北門郊外的聚落，形成於康熙末年。此地的信仰中心是座名喚「境福宮」的廟宇，傳說境福宮內的神像原本是從大陸渡海來台的土地公，因座落在往來新竹港口與城內的路線上，久而久之，便成為香火鼎盛的廟宇，由於廟內設有私

🅐 北門國小第一屆畢業典禮，畢業生僅林鍾英兩兄弟（第二排中坐者）。
🅑 日治時代北門國小到台北動物園做修學旅行。
🅒 1909年新竹孔廟前舉行的新竹地區學校聯合運動會。

塾，因此為竹塹北門的文教中心。日治時代，原本境福宮內的私塾在1899年搖身一變為「樹林頭公學校」，這是日本於竹塹城開辦的第二所新式教育機構，也就是現今北門國小的前身。

父子一同上學

繼林鍾英兄弟之後，樹林頭公學校尚有三屆的學生自境福宮裡畢業，三年後的夏末，因學生人數過多才遷至現在的校址。老校友吳朝綸回憶著當時學校的境況，十五歲那年他頭一次踏進樹林頭公學校的大門，之所以會在十五歲才入學，完全是因為老父親不願兒子成為日本人的「學生兵」之故。不過上學之後他才發現，自己並非班上年紀最長的學生，同學大半和他年紀相仿，年過弱冠的也不在少數，更有甚者，有同學的父親就在隔壁六年級教室上課。當時全校學生大約一百七、八十名左右，但教員連同校長只有三個人，漢文老師還得兼任日語、算術、體操等科，師資的窘迫可見一斑。

隨著時間推移，樹林頭的學生變多，教員人數也不斷增

1916年北門國小運動會的開幕式。
百齡樓是北門國小學子共同的求學記憶。雖是日治中葉所建，其線條卻有濃厚的現代感。

竹塹的田園詩人──林鍾英

林鍾英（1884〜1942），新竹人，字毓川，號「香雪居士」，是日治竹塹知名詩人。自幼從其父林鵬霄習漢文。1899年入樹林頭公學校就學五年，通曉日文。畢業後任職淡水稅關香山稅關監視署。1906年辭去稅關工作，轉至新竹市北門從事代書業，後又擔任東瀛拓殖公司專務理事。1914年底去職，返回故居，靠著家產田地二頃，過著閒雲野鶴、以讀書課子為樂的生活。雖然如此，他仍未與世隔絕；因家有田作，特別關心農民生活與地方水利，並曾出任新竹水利組合評議員，也參與台灣各地詩會吟誦，尤多致力於子弟之教育，於1936年出任新竹州教育委員。逝世之後子孫集其詩稿文章，成《梅鶴齋吟集》，1998年新竹市立文化中心將之重新出版。

額，校名亦在1921年時，改成「新竹第二公學校」，是新竹第二大的公學校。隨後，在戰爭期間，因第三次〈台灣教育令〉的發布，再次更名為「新竹市北門國民學校」——校名從此正式掛上「北門」二字。百年來，北門國小從最初僅四間簡陋木造教室，成為今日擁有多棟鋼筋水泥校舍，以及百餘間教室的學校，校園樣貌變化頗大。自始至終陪伴著代代北門學子，一同學習成長的，就只剩下「同心堂」和小它幾歲的「百齡樓」了。

對老校友來說，百齡樓是他們最熟悉與懷念的地方。它建成於1937年，有著日治後期的現代主義式風格，沒有花俏華麗的裝飾，只有簡單樸拙的線條。至於最年長的校舍——同心堂則建於1933年，是當時學校的活動中心和街庄集會所，建築樣式更是典雅大方，雖然在1995年時，曾經重新整修，但在校方用心維護下，同心堂依舊保有日式黑瓦的古樸風貌。如今它們雙雙被新竹市政府列為重要文化資產，校長驕傲的說：「這可是新竹市三十七處文化資產中，唯一的學校建築！」見證了校方對保存古蹟的努力。

🔺 1933年北門國小同心堂的落成慶祝會。
🔻 北門國小的同心堂己有八十年的歷史，雖經整修，同心堂依然保存完整的日式風格。
🔻 1917年學藝會上的表演。

全台第一位樹醫師

就在同心堂落成的同時，一位活潑的男童楊甘陵，也走進了北門的校園。楊甘陵在學期間，不但看到同心堂的啟用，也恭逢百齡樓的興建，但是他對於學校蓋新校舍並無太多

的欣喜之情，因為就在百齡
樓落成啟用時，他正因家貧
繳不出學費，可能將被迫中
斷學業而苦惱不已，多虧當
時的日籍導師讓他免繳學
費，才得以順利畢業。在學
期間的農業實習課是他最深
刻的記憶，當時老師規定每
個學生都要照顧蔬菜，收成
時孩子們還得打著赤腳，親
自挑擔到市區沿街叫賣。這
般童年景況，讓楊甘陵體認
農家的辛苦，也養成研究植
物的興趣，長大後考進了東
京農業大學園藝系，最後又
以六十八歲的高齡赴日本參
加「樹醫師」的考核，成為
台灣第一位領有專業執照的
樹醫師。

🔼 1928至1940
年間，北門國
小的學童在入
學時，都會到
新竹神社進行
祈福儀式。
▶ 樹林頭公學校
的校園農場。

對日治時代的小學生而言，農業實習課
充滿田野趣味，對北門學子而言，到神社舉
行入學祈福儀式也很新奇。在日治時代，新
竹城郊有座新竹神社，每當新生入學時，北
門校方就會安排新生於分發新制服當天，由
校長和級任導師帶隊，到新竹神社參拜，接
受神社祭司的祝禱，祈求順利完成學業，並於儀式結束後，一起站在神社石階前合照，留
下一張張「神社前光頭孩子」的泛黃老照片。現今北門國小校史室內，有些許舊時代遺留
下來的史料，其中最多的就是這些可愛光頭孩子的老照片了。

新竹之光

　　許多點點滴滴有關北門的校園回憶，一直存於昔日學子們的腦海中，但卻鮮少有人提及，於是風城人都忘了除了新竹國小外，北門也是竹塹的百年教育搖籃。1998年，新竹市立文化中心出版了林鍾英的詩集《梅鶴齋吟草》，新竹人這才發覺：原來北門也是有歷史的！樹林頭社區開始重新發掘在地人文歷史；隔年九月的某個午後，一群北門國小師生浩浩蕩蕩的來到樹林頭境福宮，因為北門國小要過百週歲了，他們懷著朝聖的心情，來到學校的出生地尋根，追憶林鍾英老學長當年的求學情境，也遙想先人創校的艱辛。

北門操場升旗台旁的學生拼貼畫「學習之海」。

　　走過一世紀，許多百年老校歷經遷校、戰亂、校舍改建、社會變遷等因素，校內史蹟文物付之闕如，在重建百年校史時，往往為資料不足、耆老凋零所苦，但北門得天獨厚的擁有百齡樓與同心堂，此可為新竹之光，也為下一世紀的北門歷史，奠下可長可久的希望。

校園記事簿

西元1899年	「樹林頭公學校」在境福宮內舉行開學典禮。
西元1916年	學校有電話可用囉！
西元1921年	從今年起大家都得打腦脊髓膜炎預防針，好痛噢！
西元1923年	出刊兒童文集《若竹新報紀念號》。
西元1937年	百齡樓是今年誕生的。
西元1995年	同心堂60多歲了，學校幫它重新整修。
西元1999年	學校過生日，我們到它的出生地尋根。

鳳凰花下大陸情

站在此間當鯊心的公學校，其辛苦是難於想像的，然而相互的感情也慢慢的融洽起來，時至今日已無痕跡。伴隨世界的開化，地方事務亦逐漸發展，此乃北埔之福。

——北埔公學校校長　安部手作〈北埔事變大要與公學校之關係〉

戰火漫天的1940年，握著惆悵而憂傷的筆，知名客籍文學家龍瑛宗寫下一個陰鬱中隱含著希望的故事——〈黃家〉：

「枇杷莊是個可以望見藍色中央山脈的寂寥小山村，於接近村落中心的地方，有一座門扇燻黑、柱子積塵、屋瓦生苔，且處處長滿雜草的古廟慈雲宮。廟前是疊敷石板的廣場，那裡有一棵巨大的老榕，髒污的枝椏低低的匍匐伸展著……。」

🔺 客籍作家龍瑛宗（左三）就讀北埔公學校時與師友的合影。

➡ 風光明媚的北埔，昔日是漢人墾拓內山的前哨站。

枇杷莊的故事

寂寞的「枇杷莊」不是別的地方，正是作家自小出生、成長的故鄉——北埔。而今，六十年過去了，老榕樹依然濃蔭蔽日，古廟前的石板廣場上，曾經迴盪著客家歌手陳永淘的悠揚清韻，音符連結了土地、原鄉與生活，也撫慰了所有聽者的耳朵和靈魂。「門扇燻黑、柱子積塵」的「慈雲宮」，對應於現實世界裡人聲雜沓的「慈天宮」，積塵、雜草與青苔早已為小吃攤、土產店所取代，不變的是，百年

來，它始終是在地人的信仰重鎮，不但見證了篳路
藍縷的山城開發，並為閩客合作、消弭族群對峙奠
定基石。而從來以「武裝拓墾」聞名的北埔，就在
這座三級古蹟中，寫下了文教發展嶄新的一頁。

道光年間，為了杜絕原、漢的衝突，九芎林
（今新竹縣芎林鄉）的客籍墾首姜秀鑾在淡水同知
李嗣鄴的號召下，結合官方與閩人的力量，招集隘
勇、佃農以「武裝拓墾」的方式在竹塹東南進行開
墾，並於北埔設立「金廣福」墾號，作為統籌指揮
中心。強悍的姜秀鑾，成功的讓漢民勢力進駐北
埔，成為當地人心目中的英雄典範；姜家此後世代
定居於斯，北埔亦由蠻貘走上繁華之途。

因為開發得早，北埔的文化事業、地方建設均
可謂歷史悠久。以教育為例，1898年5月由日人
在慈天宮成立的「新竹國語傳習所北埔分教場」，

🅐 國家三級古蹟金廣福公
館，有濃厚的客家風格。
🅑 1938年北埔公學校運動
會的授旗儀式。
🅒 日治時代北埔國小建校四
十週年的祝賀會場。
🅓 1943年北埔校園內所舉
行的相樸競技。

便是竹塹大隘地區的中心學校。根據地方人士邱鴻章轉述，分教場創設之初，學生寥寥無
幾，他的祖父邱芝汀在自宅開設的「亦樂書房」則聲名遠播，招收了五十多位學童，因此
受到日本官吏威脅，強迫其將所有學童「出讓」，以解決傳習所沒有學生可教的窘境。同年

十月，分教場改稱為「北埔公學校」，繼續借用慈天宮為臨時講堂，直到1902年新校舍落成啟用，學生們才終於有了一個安身立命的所在。

轟動的北埔事件

　　一個世紀之後的北埔國小，四棵百年老樹矗立其間，樟樹、鳳凰木、大王椰子……，交織出一片翠綠。在孩子們吵雜的歡聲笑語中，靜靜座落於校園中庭的「安部手作校長紀念碑」，顯得格外引人注目。

　　據說，早在北埔國小建校三十週年時，當地人便為這位安部校長建造過紀念碑，倚著校門的石碑，是學生一進門就得行禮膜拜的對象。戰後，與日本相關的所有文物都難逃毀棄的命運，紀念碑自然也不例外。直到幾年前，學校歡度一百週年校慶，為了不讓北埔的過往在歷史的洪流中被淹沒，校方立起了第二座「安部校長紀念碑」。

深受北埔居民敬愛的安部手作校長夫婦。

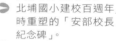
北埔國小建校百週年時重塑的「安部校長紀念碑」。

於北埔事件過後，安部校長親書之〈北埔事件大要與公學校之關係〉。

　　這位叫作「安部手作」的日本人，到底是何方神聖？為什麼能夠得到北埔人如此的厚愛？——這得從一個遙遠的故事說起……。一直以來，北埔始終是漢人與原住民爭鬥的最前線，長期武裝拚鬥的結果，培養出當地剛直驍勇的民情，也間接的促使兩樁抗日行動的發生，一為姜紹祖乙未抗日，另一即為連結了安部手作校長、北埔國小及所有北埔人，在1907年由蔡清琳所領導的「北埔事件」。

　　1907年，峨眉人蔡清琳由於感情的挫敗，以金錢利誘北埔地區的隘勇及原住民發動武裝抗日，由於隘勇們的收入普遍不高，生活清苦，加之以蔡清琳謊稱新竹將有人派兵接應，因此順利招募了百餘人

參與起事。11月15日凌晨，起事眾人手持「安民」、「忠義」等旌旗，進攻北埔支廳，一路上只要見到日本人便殺無赦，總計有五十六名日本人死於其手。新竹廳長接獲來自竹東的報告，立刻派出軍警予以鎮壓。蔡清琳等人原非訓練有素的軍人，而是一時興起的烏合之眾，因此一見日軍開到便四處逃竄，不到兩天的時間，北埔地區便恢復了原有秩序。

雖然亂事來得快也去得快，卻大大的驚動了台灣總督府。警視總長大島久滿次特地前來北埔，在公學校的操場上召集四百多位大隘庄民訓話，恫嚇庄民交出參與起事者，否則將剿滅全庄。在新竹廳長里見義正唱作俱佳的勸誘之下，參與者為了保全家人與庄民的性命，大多出面投案，使全庄免去了血腥殺戮的危機。根據日本總督府的文獻記載，被殺的起事者有一百零九名之多，其中九名主事者當眾行刑。但一般咸認為當時未經公開審判便被祕密處死的人應不在少數，當眾行刑的九人不過是個樣板罷了，實際的犧牲者必然遠遠超過官方所公布的數字。

懷念安部校長

對北埔人來說，除了征戰殺伐所帶來的人心惶惶之外，整個事件中最為膾炙人口的，便是安部手作校長夫人——安部考子被庄民營救，倖免於難的故事。安部手作自1899年起擔任北埔公學校第二任校長，在客居北埔的八年間，夫妻倆均熱心學習客

▲ 1923年安部校長卸任返日，北埔居民為其舉辦歡送會，並於慈天宮前留影。

戰鼓聲中的歌者——龍瑛宗

龍瑛宗（1911～1999），本名劉榮宗，新竹北埔人。1930年自台灣商工畢業，進入台灣銀行南投分行服務。他是日治時代及五〇年代前後重要文學家之一，1937年起，陸續有小說、詩、隨筆、文藝作品發表。筆下潛藏著受壓抑的被殖民者情懷與客家情結，在受日本教育的年代裡，充分反映台灣人內心的無奈與矛盾，對台灣女性命運的悲憫，刻劃尤深。作品描繪多以其成長背景為主，可讓人緬懷以前的北埔風貌及人文史蹟。

家話，與庄民相處融洽，而不以統治者的高傲姿態自居，可說是位實在的教育家。事發當時，安部校長正帶領學生在北部進行修學旅行，安部夫人在危難之時，得到學校工友協助被藏匿於庄民家中，因而得以脫困，由此不難得知他們在當地人心目中的地位。北埔事件之後，安部手作積極居中斡旋，使全庄在最快的時間內恢復平靜，更得到村民的尊敬和愛戴。任教北埔國小長達二十餘年的安部校長，在退休返回日本時，北埔人為他舉行了盛大的歡送會。在他逝世後，庄民聞其訃訊，亦舉行遙弔典禮。

🔊 北埔大操場曾是北埔事件的發生地。

🔊 歷史恩怨早已隨風消逝，只留操場上的童稚笑話。

聽完「安部校長紀念碑」的故事，我們手裡也多了一份近年才出土的安部校長手書的遺稿影本──〈北埔事變大要與公學校之關係〉，字跡端整清麗，內容卻是怵目驚心，令人不忍卒睹。總督府官員訓斥大隘庄民的北埔國小操場雖仍位於原址，但早已不復舊時樣貌，塵封多年的時移事往，是否就此灰飛煙滅？台日這樁懸而未決的歷史公案，何時才能解得開呢？

🌿【 校園記事簿 】

西元1898年　我們學校是在慈天宮誕生的，原名為「新竹國語傳習所北埔分教場」，幾個月之後，變成了「北埔公學校」。

西元1902年　學校搬新家，我們終於不必到廟裡去上課囉！

西元1907年　蔡清琳叔叔帶領好多人在街上殺日本人，在我們校工的幫忙下，校長夫人順利安全的脫困。

西元1919年　劉榮宗學長進入北埔公學校就讀，他就是後來揚名文壇的龍瑛宗啊！

西元1928年　為了感念安部手作校長對北埔的貢獻，學校立起了一座「安部校長紀念碑」。

西元1975年　全校大放光明，因為學校裝了日光燈。

西元1998年　學校一百歲，建了第二座「安部校長紀念碑」。

山居歲月

Hsinchu **峨眉國小**
新竹縣峨眉鄉峨眉街4號

> 竹籬泥磚，紅瓦白牆佬老人家，恬靜介伙房。狗兒閒閒，雞嬤度子。
> 忽然間來到無人無聲介細農莊，幼秀介學校喲。老樹涼涼，歇睏介鐘。
> ——客籍吟唱詩人　陳永淘〈火熱熱的下晝〉
> （註：由峨眉往南庄小山路上散步所見）

「院子裡有優閒的狗兒，母雞正帶著小雞散步……迷你小學中老樹陰涼，掛著一口不再敲動的老校鐘。」為了尋找歌手陳永淘口中那座恬靜的農莊，來到位於台三線上，緊鄰北埔之處的小山城，山城有個秀美的名字，叫作「月眉」——因溪畔那塊台地猶如一彎新月而得名。後因避免與他鄉同名，取其發音相近，改為「峨眉」。峨眉真的很小，如果開車從她身旁經過，或許仍未能發現她的存在呢！

雖然峨眉是個小地方，卻在1898年就成立了「月眉公學校」，這是竹塹大隘三鄉中，緊跟著北埔而成立新式教育學堂的地區。學校四面環山，地處偏壤，但也因而有著與世隔絕，如世外桃源般的山水美感。

🖋 1944年戰爭末葉，峨眉國小的朝會情況。
➡ 日治小學「體操科」中必考的科目——引體向上；每人一次必須作滿十下。

私塾學生來上課

西元1899年月眉公學校成立之初，第一屆入學人數高達八十人，在當時可說是相當驚人。箇中原因並

夏
耘
【桃竹苗】

非當地居民特別重視教育的結果，而是在公學校創校時，月眉街上「山河書院」裡近三十位學生，在學堂教授宋進先生的帶領下，都進了公學校就讀的緣故。

宋進先生順理成章的成為學校的漢文老師，在該校任教長達十二年，是峨眉國小第一位台籍教師，也是創校元老。當年雖然創學之初就有數十名學生，然而六年後順利完成學業的畢業生卻只有五名，最主要還是因為學生學習意願不高，或是排斥皇民教育，當然，為了幫忙分擔家計而無暇上學的，也大有人在。

- 🅐 峨眉國小初期的畢業照，都是教師多過學生。
- ➤ 1939年峨眉建校四十週年，校慶運動會上的歡樂場景。
- 🔻 日治峨眉的學校倉庫，專門用來放置實業課的農具。

在那個物資貧乏的久遠年代裡，學校特別重視農業和畜牧等實業教育，這從峨眉國小收藏的日治畢業紀念冊中，還可找到許多蛛絲馬跡，當時校園裡不僅有菜園、果園，還有篦麻園，學生們每天輪流堆肥、耕作、養雞餵豬，甚至還有如何煮豬菜餵豬的課程。此外，學校也重視強健體魄的體育課程，例如類似吊單槓的「引體向上」，就是每個國小畢業生進入中學前必考的科目。老照片中一棟木板建構的日式建築，是當年堆放各種農具或各類體育用品的倉庫；馬背式的長型建構，一格格的木頭窗戶，與泥土地和諧的混成一色，更讓人感覺著時空的茫遠，頓生思古幽情。

呂赫若殺雞趣聞

擁有百年歷史的小學，加上位於山城之中，自然有許多純樸有趣、流傳久遠的故事，「呂老師殺雞事件」就是其中之一，而呂老師指的正是日治時代著名的台灣文學家──呂赫若。

呂赫若本名呂石堆，自台中師範學校畢業後，曾於1934年起在當時的月眉公學校服務一年。那時人們一般對於學校的校長或老師，都是特別尊敬和禮遇，村民們總三不五時拿些自家種的蔬果或養的雞鴨送給學校老師。初到峨眉，年輕俊朗的呂石堆自然也受到此等禮遇。一次，呂老師收到村民送的雞，找來學生一起享用，大夥手忙腳亂的將雞毛拔光，正待下鍋，卻見那隻早該斷氣的雞竟在庭園中「裸奔」，眾人目瞪口呆之餘，這才明白拔毛前必須先放血。回想起這段往事，參與「殺雞事件」的老校友們無不開懷大笑。

🔺 1935年呂赫若（左一）任職峨眉國小時的師生畢業合照。
🔻 呂赫若任職峨眉時的到任紀錄。

　　呂赫若在此任教期間，曾初試啼聲發表了第一篇小說〈牛車〉，結果一鳴驚人，台灣文壇公認為其傳世代表作，而學校也以這位質樸親切又有才氣的老師為榮，目前峨眉國小仍保存著署名「呂石堆」的到任記錄、履歷、派令及考績表，還有與學生的畢業合照，實屬難得。

古井裡的彈珠

　　呂赫若殺雞趣聞令人難忘，學校圖書館前的那口古老水井，也是老校友們記憶深埋之處。在早期，這口井不僅供應全校師生日常用水，更是峨眉市街最重要的供水處。為了避免與村民搶水，學校的工友總在每天凌晨四點多時，就起床挑足十一擔水，供老師們一天

台灣第一才子——呂赫若

呂赫若（1914～？），本名呂石堆，生於台中潭子。就讀台中師範學校時，正值世界經濟大恐慌，眼見大眾困苦，思想開始左傾。師範畢業後，曾任月眉公學校教師，1935年，以「赫若」為筆名，發表第一篇小說〈牛車〉，被譽為文學天才。1940年，入東京武藏野音樂學校聲樂科學習聲樂，返台後積極參與文學、音樂、戲劇活動。1944年出版《清秋》小說集，是當時台灣作家中唯一出版的個人別集。後來，其任職北一女中，並在中山堂舉辦音樂會。二二八事件後，呂赫若因對時局不滿加入左翼行列，五〇年代，白色恐怖瀰漫，因參與武裝行動，命喪台北石碇鹿窟。

吃、喝、清洗之用；學生用水則
是由每班派值日生去井邊提回。

那時孩子們課餘最時興的娛
樂便是打彈珠，日籍校長或老師
有時懲罰貪玩學生的方法，便是
沒收他們的玻璃彈珠，然後丟進
井裡，可憐的孩子就只能站在一
旁，眼睜睜的看著自己心愛的彈
珠一顆顆落入無底深井中。不甘
心的孩子在下課後，還會蹲在井
邊想盡法子撈起自己的寶貝，結
果當然是白忙一場。

這口老井在戰後初期，因校
園整建而被埋進地底，成為被遺
忘的過去，直到十多年前的一次校園工程，意外
的重見天日。峨眉國小一百週年時，學校特地重

 雜草中的峨眉
建校三十週年
紀念碑。
 峨眉校園中的
彈珠古井。
峨眉公學校的
師生在建校碑
前留影，後方
為老升旗台。

新整修，使它再度成為孩童課餘的玩伴。直到現在有些阿公級的校友還會神祕兮兮的告訴
孫子們：「學校的老井裡有阿公的寶貝喔！」

紀念碑與升旗台

看完古井，再走向峨眉國小的東側山腰上，遠處有塊氏家校長與宋進老師紀念碑進入
眼簾，這塊碑是1928年，學校創校三十週年時，為感念首任校長氏家槇治及宋進先生的創
校之功而建造的。老校友們回憶說，學校每年都會在紀念碑前舉行祭典追念二人。目前雖
然紀念碑部分碑文略有破損，但大體而言，仍算保存得相當完整。

距離紀念碑十公尺處，仔細找找還可以看到老升旗台的遺址。日治時代每當全校師生
朝會時，就必須向天皇所在的「方位」遙拜，因而老升旗台建於學校東側的小山坡上。然
而，隨著時日久遠，以及戰後升旗台位置換了地方，老升旗台不再受到關注，那龜裂的地
基、不完整的樣貌已逐漸被掩映在荒煙蔓草之中。

此外，峨眉國小操場旁還有一排建立於五〇年代的古式樓房，值得一探究竟。這排房舍是1956年峨眉國中成立時，暫借小學校地時所興建的。在當時多半是灰土的呆板樓房

中，這排房舍卻擁有平拱的造型，極為特殊。七〇年代，峨眉國中另覓校址後，校舍便由鄉公所收回，因此至今依然挺立在此，見證峨眉國中、小曾經合校的歷史。

一起來爬榕樹溜滑梯吧！

位於峨眉國小操場旁的峨眉國中舊校舍。

榕樹溜滑梯

峨眉國小不只有緬懷過去的史蹟，還有「榕樹溜滑梯」喔！校園中有不少枝葉繁茂的老樹，樹下都架著一段滑梯，想溜滑梯的孩子們必須先爬到榕樹上再從滑梯溜下來，其中樂趣讓人難以抗拒。榕樹溜滑梯的構想出自退休的姜信淇老校長，他最初的想法是：「我們從小都是爬樹長大的，為什麼現在的孩子不能爬樹呢？大家一起來爬樹吧！」因此峨眉就有了這種獨一無二、結合自然和溜滑梯的遊樂器材，而且還大受歡迎呢！

下次，到峨眉國小除了緬懷百年來的校園舊事外，若你的身材夠嬌小，記得，玩玩榕樹溜滑梯，享受一下童年的樂趣吧！

校園記事簿

西元1898年　月眉公學校這一年成立於金廣福月眉駐在所裡。
西元1903年　明明開學時有八十多個人，可是第一屆畢業典禮時，畢業生只剩下五個人。
西元1934年　今年來了一位帥帥的呂石堆老師，他的文筆很好，大家都說他是台灣第一才子。
西元1945年　台灣光復了！我們學校是由新竹州接管委員會來接收。
西元1976年　峨眉國中的大哥哥們，曾經和我們一塊上課，不過今年他們搬到別的地方去了。
西元1998年　今年有好多阿公、阿嬤回來參加校慶喔！因為學校滿一百歲了嘛！
西元2000年　學校的合唱團和陳永淘叔叔一同出了一張客家童謠專輯《下課啦！》。

怒潮澎湃客家莊

百丈長橋綠水灣，憑欄迴首舊青山，馳車商客黃沙捲，叱犢兒童載月還。
題柱有人懷雁塔，成名他日望鄉關，一番歸里一番老，廿載風塵鬢髮斑。
——台灣文學鬥士　吳濁流〈過新埔橋〉

縱貫鐵路、國道、省道……，西部的重要交通渠道，沒有一條行經此地，曾與竹東、竹塹並稱新竹三大地區的「新埔」，如今，是一個安靜自守的客家小鎮，在濃濃的人情味中，偶然傳來一陣柿餅的香甜。

新埔第四屆畢業典禮，全校師生一同在戶外合影。
新埔國小的第一屆畢業生。

然而，古稱「吧哩嘓」的新埔，自有其輝煌燦爛的一頁開發史——西元1784年，廣東嘉應州的客家移民遷居至此，由於北邊台地容易崩塌，聚落的形成遂沿著溪谷河階地展開。隨著移入人口愈來愈多，開墾拓荒的範圍也逐漸擴大，這片開發未久的土地，因此得名「新埔」。從清代以來，新埔就是竹塹進入關西地區的必經據點，優越的地理條件，不但使其成為新竹地方的商業重鎮，甚且躍居為台灣北部重要農產品的集散中心。繁榮熱鬧的景象延續到日治時代，新竹郡最早的新式初等教育學校也在此誕生。

反共抗俄阿兵哥

　　1898年成立的「新竹國語傳習所新埔分教場」，後來改名為「新埔公學校」，亦即「新埔國小」的前身。台灣文壇上赫赫有名的「鐵血詩人」吳濁流先生曾經在此求學，而與軍人共校的校園歷史，則是當地人口中另一段津津樂道的傳奇。

　　1949年，戰後國府遷台不久，陸軍第十二兵團副團長柯遠芬將軍以「怒潮」為代號，秉持「重振黃埔精神，培育復國人才」的宗旨，成立了「十二兵團政治幹部學校」，選定新埔國小為訓練基地，向學校商借三間校舍和操場作為軍校師生的使用空間，因而造就了小學生和軍人置身同一校園的特殊景觀。大約三年之後，「怒潮」被編制進入陸軍官校，這番奇異的景象才至此告一段落。

　　而今，所謂的「黃埔精神」猶如一縷四散風中的輕煙，「復國大業」也已成了灰白圍牆上的褪色標語，只有操場上那座「怒潮軍校紀念碑」，依然不動如山，隱喻著這一段奇詭的現實──西元1949年，就讀「怒潮」的軍校生為了體現當時蔚為風潮的「莊敬自強、反共復國」的愛國情操，集全校師生之一日所得，在新埔國小上操場的後山建造了一座「精神堡壘」，以銘誌「怒潮建校」的使命。軍校撤廢之後，紀念碑仍保留在原地，成為一方歷史風景。

　　「反共抗俄」、「完成第三任務」、「發揚新埔精神」…，看著這些既陌生又熟悉、昂揚激憤的口號，我們恍若跌入那個桎梏著每一條神經的標語年代。然而，現今看來突兀的存

❶ 學校教師時期的吳濁流（右一）。
❷ 怒潮軍校紀念碑。

在，卻是當年兩岸對峙、國共分立歲月的如實寫照，縱然虛幻，卻不能輕言遺忘！這也正是當年的軍校生何以會在1992年舊地重遊，並且重新整修紀念碑的原因；他們將「怒潮」建校的沿革詳細的記載於紀念碑上，為的是讓後人別忘記：即使如此純樸幽靜的鄉野山林，也同樣走過那「反共復國」的「神聖」年代啊！

⬆ 老校門一直是新埔人最常留影的地方。
⬇ 古樸的老校門有百年歷史。

從校門走到黑森林

　　雖然是當地的中心學校，但是跟一般的都市小學比起來，新埔國小的學生人數少得多，校地因而相對較為寬廣。傍著山丘而建的小學，空間分布呈狹長型——一進校門，是學生主要的活動區域「下操場」，穿過下操場，再爬幾步階梯，便是「校舍區」。階梯頂上層有兩根外觀並不顯眼的門柱，千萬別小看它們，它們可是從1911年便站在這裡的老校門呢！無論校地如何變遷，教舍如何整修，唯有老校門始終屹立不搖，堅持站出一種執著的風姿。

　　校門旁邊的升旗台，同樣是校園裡的老文物——鐘形的旗桿座，基座正面有巴洛克風格的圖騰，再加上洗石子飾面，一看便知是日治時代常見的建築型式，但如果因此以為它也是「日治古蹟」，那你就錯了，事實上，它是為慶祝建校五十週年，在1948年由全校學生所捐贈建造的。

鐵血詩人——吳濁流

吳濁流（1900~1976），本名吳建田，新竹縣新埔鎮人。台灣總督府國語學校師範部乙科畢業，從事教職達二十餘年。三十七歲開始創作小說，代表作《亞細亞的孤兒》描繪台灣人身為被殖民者的悲愴與徬徨，被公認為台灣文學的經典名作。其他著名小說，如《無花果》、《台灣連翹》則探索戰後台灣人的心靈傷痕。1964年，獨力創辦《台灣文藝》雜誌，推動台灣本土文藝發展，堪稱台灣文學的鬥士。1965年，創設「台灣文學獎」，積極獎掖新人創作，後更名「吳濁流文學獎」。

繼續往校園深處走去，接連紀念碑的後山，早年雜草叢生、蟲蛇出沒，又乏人整理，可說是孩子們眼中的「黑森林」——女孩們將其視為不敢踰越的「禁區」，小男生則把它當成冒險犯難的好所在，一下課，總是成群結伴前往爬山、爬樹、做陷阱捉蛇……目前後山已被鎮公所收回，整理為新埔鎮的運動公園。雖然少了可以自在探險的森林，卻有另一座「快樂天堂」在等著他們呢——學校後方大片的橄欖園，也是校地的一部分，老師們偶爾會在橄欖盛產的季節，舉辦橄欖節，教孩子們採橄欖、製作蜜餞，實踐一種最為生動活潑的鄉土教學。

❶ 充滿日本風味的升旗台。
❷ 日治時代在校園農場上農業實習的情形。
❸ 新埔學校運動會上可愛的音樂舞蹈表演。

日本天皇的寶箱

古老的百年校門也好，意義深遠的怒潮軍校也罷，來到新埔國小，還有一件珍藏是絕對不能錯過的，那就是「奉安箱」。全台灣的小學，凡歷時近百年者，幾乎皆有一座奉安箱，但是經過歲月無情的淘洗，許多奉安箱往往僅餘空殼，內部擺設或損毀、或散佚，再

義民信仰的起源──林爽文事件

林爽文，西元1773年（乾隆38年）隨父渡台，居彰化大里杙庄（台中大里），以耕田、趕車為業。其時，台灣貪官污吏橫行，百姓不堪其苦，「天地會」此一抗清的勢力在台灣迅速擴大。林爽文加入該會，旋即成為北路領袖。1786~1788年間，林爽文以「剿除貪官，以保民生」，引爆台灣史上規模最大的反清事件，各路人馬響應，清廷派兵鎮壓追捕，林爽文被擒，解往北京行刑，年僅三十二歲。林爽文事件歷時數年，勢力遍及台灣中南部，清廷號召台灣各籍移墾漢民協助勦亂，由於清領初期閩客衝突頻繁，事變期間亦有閩人趁機侵擾客莊，客籍人士為了家園安全，因而組織義軍幫忙清廷平亂。因客籍人士英勇助戰，故清廷於亂平之後，封戰死者為義民，以褒其忠。

不就是移做他用，失去了最初始的歷史價值。而新埔國小校長室裡的奉安箱最大的不同即在於：其形制保存之完整，可謂全台僅見；雖然校方也將它改以擺放學校關防，卻仍沒忘了妥善的修護內部擺設和裝飾，包括：盛裝教育敕語的圓筒，置放敕語的捲軸、竹簾、布幔……，每一物件均做工細緻、刺繡精美，由此可看出日治時代對天皇敕語及奉安箱的重視與尊敬。

❶ 盛裝天皇敕語的圓筒。
❷ 奉安箱內層做工精緻華美的木門。
❸ 怒潮軍校生在1996年舊地重遊時，所留下的怒潮紀念碑文。

　　讚歎之餘，我們也不禁感到訝異：一個偏遠山城裡的小學，竟蘊藏著如此豐富多元的人文內涵——學校西側的「義勇廟」，供奉著清代「林爽文事件」的餘波盪漾；面貌清晰的奉安箱，伴隨台灣小學生領受太陽旗下的殖民教育；至於那書寫著「反共抗俄」的紀念碑，無疑的讓我們照見了自己如何從蒼白貧瘠的五〇年代裡蹣跚走來。

🌿 校園記事簿

西元1898年	我們一開始是在文昌廟上課的。
西元1902年	街上好多好心的叔叔伯伯捐錢，讓我們在義勇廟旁邊蓋教室。
西元1916年	吳建田學長從公學校畢業，考上了國語學校的師範部。後來他成為一個很有名的文學家，名字變成「吳濁流」。
西元1934年	今年起畢業生都會在上運動場那裡種畢業紀念樹。
西元1949年	學校裡還有一個學校，真稀奇耶！不過他們的學生都是穿軍服的！
西元1996年	以前念「怒潮」軍校的叔叔伯伯，回到學校來重新整修那塊紀念碑，聽說這叫作「舊地重遊」。
西元1998年	新埔一百歲囉！

樹杞林的生命力

> 我樹杞林堡，自墾闢而來，義塾無之，家塾每村有焉。教讀書寫字者，俗名
> 「蒙館」；訓作詩、文、賦、論策者，俗名「經館」。自光緒二十三年始建樹杞
> 林辦務署，是必更設日語傳習所，與漢文學校互相輔之、翼之，使自得之。
>
> ——《樹杞林志》

嘉慶年間，此地樟腦飄香。二次戰後，玻璃產業讓這顆「頭前溪中游的明珠」再度發出璀璨的光芒。它，便是竹東。

竹東燒火炭

「新埔出阿旦，竹東燒火炭」——清朝初年，漢人入墾縣城中心的溪埔荒地時，只見橡棋林樹茂密蓊鬱，所以命名為「橡棋林」；橡棋林樹又名「樹杞樹」，所以這裡早年也被稱為「樹杞林」。在先民的一犁一耙之下，橡棋林的枝幹讓家家戶戶不愁沒有柴薪可用，竹東綿延不絕的生命力也就這樣被耕耘出來了。

位居四方交通要衝與入山孔道，自古即是人文薈萃之地，竹東的百年老校竹東國小的前身為「樹杞林公學校」，成立於1898年（明治31年），由於學區涵蓋整個竹東鎮與橫山鄉，幅員過於遼闊，因此初期的入學人數極為稀少，直到1912年（大正元年）、1917年，以及1920年，分別在橫山、沙坑、二重埔等地成立了分校，使得遠方孩童的就學問題獲得解決。「分身」逐漸增

自清代起，樟腦便是台灣三大外銷商品之一；直到日治初期仍是總督府的重要財源。

日治時代竹東國小校旗竿上的飾物。

夏耘【桃竹苗】

091

日治時代竹東國小學藝會上的舞台表演。

多，「本尊」的重要地位隨之愈發突顯。一個世紀之後，竹東國小慶祝百歲誕辰，一位校友的話最能道盡在地人的心意：「這不只是竹東國小的生日而已，也是所有竹東鎮及鄰近鄉村子弟的大事喔！」

淳樸小鎮的耆老們一打開話匣子，個個顯得生龍活虎，雖然身處不同時代，面對迥異的社會變遷，老校友們對於小學時期的記憶，卻依然鮮明如昨。竹東國小百年來的風景，就在這些熱情的叨敘中躍現眼前。

文人醫生吳天佑

首先，是學校操場後山下那座「儒醫碑」，以及地方鄉賢吳天佑的故事。

出生於1839年的吳天佑，原籍廣東，自小家境艱困，卻秉持著向學之心，四處拜師學醫，在逆境的煎熬中力爭上游。他的醫者風範影響了長子吳錦堂，令其畢生懸壺濟世，淡泊名利，堪稱是飽讀詩書的「文人醫生」，也是街坊口中的「鄉之賢人」。二十六歲那年，吳錦堂以優異的成績被選為樹杞林台灣醫生「總代」（類似今之公會理事長），還進入「赤十字」（今紅十字）台北分會服務。他曾以高超醫術挽救一位生命垂危的貧窮孤兒，最後還將之收養，是其行醫期間最為人熟知的義行風範。

平時熱心教育的吳錦堂，得知竹東公學校準備擴建操場，便慨然允諾捐出大筆土地；同時，也欲藉此機會，建造一座以「吳天佑」為名的紀念碑，感念父親的恩澤。1925年開

竹東國小校地的捐贈者吳錦堂醫師，亦為儒醫碑的建造者。

儒醫碑的建築是當時竹東地方上的大事。圖為工人搬運建造石材的情形。

🅐 儒醫碑左側石牆上的題字。

🅑 1940年吳錦堂醫生之長孫和班上師生於儒醫碑前合影。

🅒 位於竹東國小後山的儒醫碑。

🅓 1938年吳錦堂醫師於長子徵兵入伍前，與其家人合影。

始動工興建的紀念碑，取材自頭前溪的油麻石，據說，一塊石頭必須動用二十六人合力扛運，由此不難想見工程的浩大。在歷時八年之後，「儒醫碑」終於在1933年完工。

　　高大宏偉的石碑加上掩映在一片荒煙蔓草之中的石牆，便是「儒醫碑」的全貌。石碑的字款「儒醫吳天佑之紀念碑」，是由當時總督府總務官平塚廣義所題寫。左側石牆上寫著「鶴算龜齡」，右側牆面則為「鳳毛麟趾」。另外，左側亦列有碑文——「布德長存宏世澤　高風留念大名儒」，筆力雄渾蒼勁，散發著肅穆凝斂的氣韻。令人仰之彌高的紀念碑，七十多年來，不僅巍峨佇立在竹東國小的操場後山，也深植於每一個竹東學童的心裡，匯聚了所有竹東人的共同記憶。

印度紫檀漂洋過海

　　看過紀念碑，繼續漫步校園之中，在寬廣的操場跑道上，幾位阿公驕傲的指著四棵姿態優雅的參天巨木說：「這是屬於國寶級的稀有植物呢！被林務局列為『母樹』，日後要用來分枝繁殖，希望它能代代繁衍！」不具慧眼的我們，無論如何都無法理解這幾棵看似平凡的大樹，到底珍貴在哪裡。打聽之下，才知原來這是昭和年間，大約是三〇年代左右，任教於本校的彭禮崇老師，由於參加總督府舉辦的育苗講習，因此遠赴海外從南洋帶回了二十棵樹苗回台灣。這些漂洋過海的「印度紫檀」，在全校老師的通力合作下，被栽植在操

場四周,光陰荏苒,幼苗已然蛻變。歷經風雨摧折,如今只剩下四棵屹立如昔的老樹,伴隨無數莘莘學子度過無憂無慮的小學生涯,並因而奪得了「國寶」的封號。

走著走著,大家不約而同想起了那位地理課的「權威」——張伯仁老師。二次戰後由大陸隻身來台的張老師,令學生印象最深刻的就是那一口濃濃的北方鄉音,由於曾經投身軍旅,親身閱歷在他口中都成了生動有趣的大江南北,這樣的地理課,上起課來自然鮮活生動。張老師一生以校為家,學生們沒事就上他那裡串門子,聽他說些奇聞軼事。張老師住在教室後頭,拐個彎就到,和工友燒開水的爐灶相鄰,據聞委實簡陋不堪,但是孩童們從未聽過任何一句抱怨。他對學校重情重義,最後更交代以其遺款為竹東國小的學子們興建教室,校方尊重他的遺願,學生也因此有了更寬廣的學習空間——就是不遠處那棟土黃色的「伯仁館」。

竹東的國寶級校樹——印度紫檀,是日治時代一位台籍教師遠渡重洋自南洋攜回的。
戰後竹東國小仍保留著日治時代的校門。

太陽便當紅豆飯

走過百年歲月,校園的變化不可說不大,畢業超過半個世紀的老校友回憶道:「從前的校門都是樸素的柱子,週邊圍繞著矮牆,綠地上種著松樹或不知名的花花草草,辦公室和教室都是木頭建造,中間圍繞著操場,是我們升降旗、集會的所在。」影像記憶已然日漸泛黃,但生活的滋味卻是點滴在心,耆老們回憶道:隨著戰事的吃緊,日籍老師一個一個當兵去了,許多課程都由女老師接任。為了支援前線,當時的小學生被賦予兩項「重任」,一是撿拾空罐,回收廢鐵,另一項是繳交一定數量的蝸牛,供應前線日軍食用。在那種時代,兩樣都不是容易的功課,很多人就常常

因為交不出空罐和蝸牛而被老師處罰。

講到日治末期物資的匱乏，可不能不提令人難忘的「御便當」喔！在民生日用品補給愈來愈缺乏的四〇年代，盛行兩種便當菜色：一是「太陽便當」，就是在一盒白飯中間放一顆紅酸梅干；另一則是遇有特殊場合才會烹煮的「赤飯」，也就是紅豆

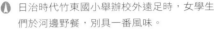
- ❶ 日治時代竹東國小舉辦校外遠足時，女學生們於河邊野餐，別具一番風味。
- ❷ 1943年竹東國民學校高等科學生，上「體鍊科」的情形，當時大夥全是赤腳上陣。
- ❸ 隱身於翠綠校樹間的儒醫碑。

飯，例如遠足時，媽媽就會特別貼心的準備這種便當。當時的日籍老師也並未享有特殊待遇，因為他們多半與學生一同在教室用餐，掀開便當盒蓋，裡面也只

裝著白飯與幾片菜葉，淋上些許醬油，再配著孩子們的童稚笑語，就是克難而溫馨的一餐。

恍惚之間，醬油炒青菜的傳統風味，竟如夢似幻的籠罩四周，原來已經到了家家戶戶炊煙裊裊的傍晚時分。抬眼望向遠處山頭，只見彩霞漫天，這趟豐收之旅就要畫上句點。作別熱情款待的鄉親，一回頭，只見閃耀著樸實光彩的「儒醫碑」，在暮色柔光中靜默無語。

校園記事簿

西元1898年	這裡有了一所很大的「樹杞林公學校」，可是學生卻好少喔！
西元1931年	彭禮崇老師從南洋帶回來二十棵樹苗，據說非常珍貴呢！
西元1933年	吳錦堂伯伯為了紀念他爸爸所建的「儒醫吳天佑之紀念碑」完工，那上面的毛筆字真是漂亮！
西元1935年	嗚……發生大地震，教室都倒了！
西元1952年	從竹東到內灣，終於有火車可以坐了，沿途風景很漂亮喲！
西元1978年	學校裡多了一棟教室，那是張伯仁老師送給我們的耶！為了紀念他，就命名為「伯仁館」。
西元1999年	我們學校一百歲了，舉行百年校慶慶祝大會，吃蛋糕去！

三叉河畔有皇居

填滿胸脯 綠荏荏油桐綠　鋪在山頂 白雪雪油桐花
天地草木有情　大家乜已多情
目絲絲仔相望　兜笑微微來相親

──苗栗文學作家　李喬〈油桐花 客家花〉

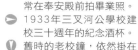

ⓐ 日治時代三叉河公學校，
常在奉安殿前拍畢業照。
ⓑ 1933年三叉河公學校建
校三十週年的紀念酒杯。
ⓒ 舊時的老校鐘，依然掛在
校園角落。

近年來，梅雨季總愛遲到，清明已過，
仍不見霪雨的消息。望著枯旱的天空，窒悶
的空氣讓人有種想逃家的渴望，於是拋下台
北城內終日塵囂，來到這個多霧的客家莊，
趕上了「五月雪」油桐美景，以及精緻的木
雕藝術饗宴。

三叉河小鎮

被稱為「台灣木雕之鄉」的三義，有西
湖溪在此交會，佇立山頭俯瞰，形狀有如一支木叉，所以先民叫它
「三叉河」。後來因為地方人士覺得名稱不雅，戰
後改名為「三義」。海拔四百公尺、山多田少
的河階地形，加上貧瘠的酸性紅土──名聞
遐邇的火炎山就在附近，使得它並不具備
農業發展的優勢。不過，「天生我才必有
用」，茂密森鬱的原始樟樹林，提供了建材
開採與製樟腦油的豐沛資產，一直以來，
都是三義的經濟命脈；日治時代，此地樟腦

產量不但高居全台之冠，甚至名列世界第一。雖然古早的產業漸漸式微，然而，在當地民眾長期的深耕灌溉之下，自然之美與人文風情已經融萃出一個嶄新的客家小鎮，這裡的人還會告訴你：「我們的『三義』是信義、仁義與道義。」

客家書院公學校

漫步街頭，除了與木雕有關的景點，還碰巧遇上「客家書院」改裝完工，這棟有著琉璃瓦、白牆的「吳家古厝」，原是百年前秀才吳秉瑞的私塾所在地，也是三義文教發展的起點。古典雅緻的兩層式樓房，未來將以推展客家文化為首要任務。攀爬伸展的綠色藤蔓，不僅帶來一絲消暑的清涼，也讓人呼吸

🅐 1934年三叉河公學校學藝會演出時的師生合照。
⊖ 座落於建中校內的奉安殿全貌。

到木頭之外的文化書香，所以，有人說三義的文教向來不發達，恐怕與事實有一段差距。

日治時代，總督府的〈台灣公學校規則〉頒布沒多久，三義的地方人士為使子弟有機會接受教育，便開始爭取籌畫建校事宜，起初在1904年成立「銅鑼公學校三叉河分校」，後來便獨立為「三叉河公學校」，這所教育重鎮也就是今天「建中國小」的前身。「建中」這個和地緣扯不上關係的名字是戰後改的，據說是取「建設中華」之意，聽起來是八股了些，但也恰恰反映出時代的思想和氛圍。位於三義木雕街不遠處的建中國小，才剛過完它的百歲大壽，熱心的地方耆老提醒我們，走訪建中校園絕不能錯過那座位於校園最靜謐的角落裡，富有歷史價值的古老建築——「奉安殿」，因為這座日式亭閣曾是存放日本天皇親頒「敕語」的地方，可說是日本當局傳播殖民意識型態的最佳見證。

難得一見奉安殿

活動中心旁，一座占地僅五、六坪的小房子，就是大有來頭的「奉安殿」。日治時代，這裡放置著天皇夫婦的照片——「御真影」，以及天皇頒布的「教育敕語」。為了將「日本帝國乃由萬世一系的天皇所統治」的觀念深植於台灣人民心中，並灌輸「忠君愛國」的思

◐ 典禮上校長捧讀教育敕語的情形。
◑ 奉安殿屋頂上振翅欲飛的銅製鳳凰。
◒ 銅製大門上的蒲葵葉雕飾。
◓ 洗石子材質、仿木榫接的柱樑相當雅緻，且富古意。
◔ 木製柵欄，是校方在整修時圍上的。

想，日本統治者煞費苦心，將印刷精美的敕語放進梧桐木製的錦盒，與「御真影」一起鎖在奉安箱裡，供奉於奉安殿。一遇到國家慶典或學校重要集會，校長、教頭（今主任）都必須戴上白手套，由教頭高舉過眉的捧著敕語錦盒，小跑步到講台上，再由校長必恭必敬的捧讀，這時候全校師生都得低頭肅立，在莊嚴虔敬的氣氛裡，「恭聆」訓示。

假如不慎發生了火警或災變，校方首先要搶救的並不是學生，而是御真影和教育敕語。「天皇思想」就是透過這樣潛移默化的方式，一點一滴的灌注到孩子們的小腦袋裡。戰後，政府為消除殖民文化色彩，相關建築、器物多遭到損毀破壞，因此建中國小裡這座修復如初的奉安殿，實在可說是百年難得一見的珍藏。

這座奉安殿完成於1935年，形制接近日本傳統建築中的「神社」。神社乃是最具日本神道色彩的建築，採用此種式樣建造奉安殿，自然是為了彰顯其崇高神聖的地位。以銅片打造的日本傳統「寶山式」屋頂，以及頂尖上那隻栩栩如生正欲展翅飛翔的鳳凰，是奉安殿最醒目的地方。

另外，奉安殿的牆壁是以洗石子為面材，塑造出仿木構造的表現手法，相當具巧思。平台上安置有木欄杆，末端用銅包裹以防雨水，基座表面以洗石子勾縫處理成石材疊砌狀；大器與精緻兼有之，貼切的傳達了奉安殿的崇高象徵，以及不容侵犯的天皇權威。校方認為將如此美輪美奐的建築拆毀了十分可惜，於是把它改裝為「祭孔殿」。時日一久，其原有角色早已被人忘卻，於是，當年象徵著「皇民教育」精神的「奉安殿」，卻因此而「逃過一劫」。前不久，校方撥出經費，以收藏的老照片「依樣畫葫蘆」，運用幾乎完全相同的建材和技術，將它重新整建一番，所以我們才有機會看到奉安殿的廬山真面目。

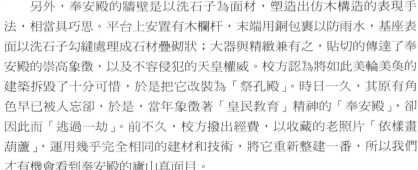

「鬼屋」記趣

　　曾經被閒置多年的奉安殿，不但是學生們遊樂嬉戲的場所，同時也被穿鑿附會出許多校園故事。不同的時代、不同的孩子，都有著各自不同的關於「它」的回憶。日治時代，「它」是校園裡最嚴肅的所在，每當經過時，都一定得放慢腳步、慎重其事，更別說喧囂嬉鬧了，因為裡頭放著的可是「天皇的教誨」啊！畢業時在此留下團體大合照，是當時不可或缺的儀式。

　　到了五〇、六〇年代，奉安殿成了大象造型的溜滑梯旁邊的涼亭。就像每個人小時候心目中都有個「祕密基地」一樣，建中國小的孩子們，最喜歡在下課時或放學後來到這裡，不管是思索那些小小的、愚稚的心事，或者大肆奔跑追逐；再不然，就是在底下的洞孔裡鑽進鑽出、神祕詭異的玩起躲貓貓之類的遊戲。比較另類的，當屬「鬼屋」傳奇了。一絲陽光也射不進來的奉安殿裡，老是一片漆黑，總有些天不怕地不怕的小朋友，會偷偷躲進來，好好裝神弄鬼一番，用繚繞不去的恐怖回音，達到他們嚇人的目的，然後一傳時、十傳百，變成某些孩童的驚恐禁地。不過，誰的童年裡，沒有一兩樁讓人噩夢連連、毛骨悚然的鬼故事呢！數十載後，當年的校園傳奇早已成為畢業校友們最深刻的兒時記趣。

三義名勝龍騰斷橋，為1935年關刀山地震的遺址。

　　在豔陽高照的藍天白雲下，步出建中校園，望著讓人爬得氣喘噓噓的校門石階，百年來無數的三義學子，就這麼一步步的循著石階邁入知識的殿堂。隨著歲月增長，當他們再次踏上母校石階時，心中想必充滿著溫馨的感懷，而生命的遠方也將是無限寬廣。

🌿 校園記事簿

西元1842年	李騰華爺爺是最早到三義開墾的人喲！
西元1906年	感謝大家的幫忙，我們擁有自己的學校了，就是「三叉河公學校」。
西元1907年	哇！全台灣海拔最高的「勝興」火車站就在這裡啊！
西元1918年	吳進寶爺爺把一塊枯木帶回家，沒想到我們的「木雕」就這樣出名了！
西元1935年	學校裡多了一個叫作「奉安殿」的東西，這到底是什麼呢？
西元1997年	以後，我們每一年都會辦「木雕藝術節」喲！歡迎大家來玩！
西元2003年	都是SARS害的，害我們晚了好幾個月才辦一百週年的校慶！

客家莊裡典藏豐

位在桃園西南端的新屋，最早只因地方上的望族——范姜家，在這裡蓋起幾間新房子，地名因而取為「新屋」，於是，有人戲稱新屋是全世界最大的「房子」。新屋，不只地名因范姜家族而起，就連地方上的文教事業也和此一家族大有關聯。地方上的第一所小學——新屋國小，從申請設置、捐地建校，幾乎都是由范姜家的族人出錢出力，這份淵源至今仍為地方人士感念不已。

首屆一指

新屋是個純樸的客家農村，新屋國小也因此讓人感覺是所鄉下小學校，不過這所鄉下小學卻有台灣其他百年老

新屋國小日治時代的校長室；圖中鳳凰屏風後方，便是奉安箱所在。

校望塵莫及的珍貴典藏，像是校史室裡便存有上百本的校史資料，從日治時代的《學校沿革誌》、《學校豫算綴》，到戰後的《校務概況報告》、《學級經營案》……等，在其他學校都相當少見。最傲人的是新屋保有第一屆迄今，專門記載學生學籍資料的《學籍簿》，以及歷屆的畢業紀念冊，如此豐富珍貴的歷史收藏，在全台小學中，大概絕無僅有。

新屋公學校相撲部的師生合影。

塘鵝標本

雖然在百年文物的資料上，新屋國小有著令人稱羨的收藏，但在校園硬體上，新屋國小早已找不出一點百年老校的跡痕，就連校園中唯一的一棵百年老榕，也在前些年枯萎凋零。還好，仍有不少具有歷史價值的寶貝可以見證學校綿遠的校史，其中最特別也最重要的便是「塘鵝標本」，老新屋人都知道，這是擺在學校視聽教室裡的百年鎮校之寶。

新屋地方本來少見塘鵝這類禽鳥，日治時代某日，不知從何處飛來一隻塘鵝。趁著牠在學校的水池邊休息，當時的日籍校長立即請人把牠捉起來，製成標本，作為理科教學之用。這座標本製作精良，保存完好，一如剛完成的嶄新成品，如果沒有特別解說，實在很難想像它已經有七十餘年的歷史。拜訪新屋時，除了參觀它的校史收藏外，不妨也看看這個古董標本吧！

Miaoli 苑裡國小
苗栗縣苑裡鎮中山路307號

花草掩映詩意濃

　　苑裡是苗栗縣最南端的客家小鎮，原本是平埔山胞道卡斯族窩灣麗社的所在，來此地開墾的漢人便取「彎麗」的諧音，簡譯為「苑裡」，因之成為現在的地名。小鎮中最早的新式教育機構，乃是成立於1898年的苑裡國小，當時叫作「苑裡公學校」。

石碑之謎

　　在都會人眼中，苑裡國小只是一所鄉下小學，雖然它面積很小，歷史文物不多，但走進校園後卻仍可發現其中深藏著特殊價值的文化遺產。苑裡國小校園中有兩座紀念碑，其中一座是「亡學友慰靈碑」，這是日治時代留下的，它來歷不明，地方人士及學校老師都不很清楚也無史料可查，一般推測可能是關刀山大地震時設置的。那場發生於1935年的大地震，其規模大致和「九二一」相同，當時新竹、苗栗、台中一帶災情慘重，哀鴻遍野，苗栗各地都建有慰靈碑悼念受災亡者，此碑極可能就是當時苑裡校

🖊 戰後五〇年代苑里校內的環境清掃。
◐ 日治時代苑里國小的校內神社。
🖊 「亡學友慰靈碑」是紀念在關刀山地震死去的師生。

方為受災學童所立。另一座紀念碑，則是1962年所立的建校紀念碑，碑後刻文簡述苑裡建校概況。兩座石碑同立於校園花圃中，默默訴說著苑裡的歷史。

　　苑裡是個恬靜詳和的校園，學校花草扶疏，老樹崢嶸，最特別的是校園內有一道美麗的小溪流過，校方特地在小溪旁造景，小橋流水，頗富詩意，成為苑裡校園最美的所在，令人流連忘返，這裡也是許多畢業校友回母校拜訪時，必會留影紀念的地方。

夏耘【桃竹苗】

秋收

【中台灣】

一九九九年入秋　靜夜裡一陣天搖地動

轉眼間中台灣柔腸寸斷　多少建築應聲而倒

其中不少小學屹然堅守

幾年的光景似水流過　老校舍挺立如昔

一棟棟美麗光鮮的學館　自廢墟之中站起

它們已然準備好了　等著你來

造訪永不倒下的百年黌宮

最美麗的古蹟校園

Taichung 清水國小
台中縣清水鎮光華路125號

> 山麓有泉，甘而冽，聞為土番所鑿，莊人皆就飲焉。或曰：荷蘭之時，曾設牛頭司於此，故稱牛馬頭云。
>
> ——連橫〈台灣史跡志〉《雅堂文集》

習慣了山線火車的路徑，對於西部臨海小鎮，總是感到陌生。就以清水為例吧！除了「米糕」，以及一座占地三公頃的「港區藝術中心」之外，幾乎是一無所悉，翻了一些資料，才知道，原來這裡不僅有自然清新的美——全台灣少數保存完善的野鳥生態區高美濕地，就在大甲溪出海口南岸；此外，還有深厚的人文底韻——日治時代的傳奇人物廖添丁，也有從事台灣民族運動的蔡惠如、楊肇嘉。至

古蹟校舍讓清水國小有別於一般校園，充滿人文氣息。
走進清水校園，彷彿穿越時光之門。

於戰後的清水，則是藝
文活動最豐富的據點，
甚至慈濟功德會的創辦
人證嚴法師，也是來自
這裡呢！

牛罵頭文化

　　背山面海，臨溪坐
擁平原，最早居住在這
裡的平埔族人管它叫
「gomach」，就是我們口
中的「牛罵頭」。漢人
來此開墾之後，則因境
內有座鰲峰山，而以
「寓鰲頭」稱之。當地人皆盛
傳，鰲峰山下有一終年不歇的
湧泉，水質清澈甘甜，於是又
在1920年「市街改正」時，
改名為「清水」。

🔔 清水國小從日治時代起就
是當地的文化重鎮。圖為
1924年清水第二十三屆畢
業生合照。

➡ 清水前庭花圃的「誠字碑」
已有八十年的歷史。

　　清水最早的歷史可以上溯到距今三、四千年前的
「牛罵頭文化」。十七世紀，荷蘭人便開始招募移民來此
屯墾，經過清代的開發經營，再到日治時代的活絡規
劃，這個小鎮漸漸顯現出一種成熟的都市風格，並且擁
有發展完善的交通商業設施。全台少見的古蹟小學——
清水國小，就是此時成立的。

　　西元1897年誕生的「牛罵頭公學校」，起初在清水街上文昌祠的一間廂房裡上課，後
來陸續在文昌祠北邊加蓋了教室；1935年，由於學生人數增多，原有空間不敷使用，便遷
移到目前的所在位置。今日車水馬龍、高樓林立的光華路，過去原本是一片茭白筍田及大

池塘，因此必須以「填池」的方法「生產」校地。據說當時校地剛填實，就巧遇全球知名的日本「天勝大馬戲團」來到清水表演，嶄新的校地自然成為演出場所的首選。有趣的是，為了目睹馬戲團的風采，來自各地的觀眾與絡繹不絕的車潮，使得地坪更加堅實，免去了土地壓實的工程，節省不少人力、物力，也可算是一段「校園佳話」吧！

難忘川村校長

清水國小擁有全台灣最完整的磚造平房校舍，在1994年被評定為三級古蹟；亦有號稱「中部之最」的老禮堂，還有取材自台北芝山岩的「誠字碑」，老校門、升旗台、奉

● 清水第十四任校長川村秀德向以治校嚴明著稱。
● 1937年川村校長與學生喇叭隊合影。

安箱、舊屏風等等，舉目所見，無一不是古蹟，而寫下這一頁輝煌紀錄的，首推第十四任校長川村秀德。

川村秀德是清水國小遷至光華路現址後的首任校長，日本騎兵隊出身，擅長騎馬的他，文武兼備且治校

六然居士台灣獅──楊肇嘉

楊肇嘉（1892~1976）原為佃農子弟，五歲時過繼給地主楊澄若為養子。1901年入牛罵頭公學校就讀，畢業之後赴日完成中學學業。回國後，出任母校雇員，直到養父逝世，才又負笈東瀛，入早稻田大學專攻經濟。1920年，台灣總督府在台實施「地方自治」，年輕的楊肇嘉被認命為首任清水街長。楊氏十分熱心台灣民族運動，於台灣議會請願運動、台灣文化協會、台灣民眾黨……等無役不與。其政治演說往往慷慨激昂，有若獅吼，因之被譽為「台灣獅」。楊肇嘉對於台灣民族運動的捐助可謂一擲千金，以致田地變賣一空；對獎掖後進亦不遺餘力，當年留日台灣青年有不少受其扶助。戰後，為台灣省主席吳國楨延聘為省府委員，繼為民政廳長。

以嚴格著稱。「我覺得他長得很嚴肅喔！因為他在每一張照片裡都沒有笑過……。」看著爺爺收藏的老照片，楊晴閔小朋友這樣形容川村秀德。此言似乎不虛，我們翻閱了所有的文獻史料，同樣發現，他的不苟言笑，始終如一。而「在晨曦中騎馬，帶領全校師生繞著清水街跑步」的光景，更是當地耆老腦海裡鮮明如昨的一幅畫面，原因通常只是為了要處罰學生在朝會時沒有立正站好。過於苛刻的管理方式，雖然難免招致家長的反彈，但也的確由於這種扎實的風格，而為清水培育了不少優秀人才，例如人稱「清水孔聖」的楊丁先生，就是他的得意門生之一。

嚴肅之外，川村校長十分重視學生人文素養的陶冶，經常利用午餐休息時間播放古典音樂、兒歌……等，給學生欣賞，然後在隔天抽考聆聽心得。也因此，地方人士總說，清水人會這麼喜歡音樂，實在應該歸功於校長的用心和啟發。絕佳的創造力還展現在校園景觀的設計上，眼前所看到的清水國小，整體規模皆出自川村校長當年的精心擘劃，就連校園裡的一草一木，也完全由其親手栽培種植。

西元1937年，川村校長站在甫完工不久的新校舍前留下了一張「寫

清水國小的紅磚校舍在1994年被評為國家三級古蹟，成為全國知名的古蹟小學。

紅磚校舍的屋宇廊柱，有著濃厚的日本東洋風。

真」：背景是三合院紅磚教室的正面，中景是幾棵新植的樹苗，旁邊則有一塊上頭寫著「誠」字的石碑。這是清水公學校遷校之初的景像，也是我們穿越時光隧道，與六十多年前的老台灣素面相見的起點。

立在校門入口處花圃內的「誠字碑」，是1935年遷校時，川村秀德特地請人由台北芝山岩運來的一塊大石，他親自寫了「誠」字，委人刻鑿在石碑上，背面另有：「昭和十二年一月建立職員的誠」。看似簡單的幾個字，卻深刻蘊含了其治校的首要理念──希望全校師生皆能以誠處世。

戰後接管的首任校長蔡永昌，曾為了是否要將這塊石碑留下而傷透腦筋，最後還是鑒於其立意符合教育宗旨，而讓它安然無恙的留置在那塊小花圃中，與美麗的七里香為伴。猶如「傅鐘」之於台大，如今的誠字碑，也成為清水校園的精神象徵。

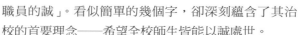

- 清水國小的孩子們，快樂徜徉在古蹟校園中。
- 走廊上的磨石子鏡台，方便師生整理儀容。
- 整修中的清水老禮堂是清水人共同的文化記憶。

古色古香美麗校舍

繼續往校園內走去，三十間建造於1935年古色古香的紅磚教室，正是清水國小晉身三級古蹟的「註冊商標」。這批磚造校舍和大禮堂、升旗台，全是由日本人山本勝造氏所經營的「山木組」承包，再轉發包給中部著名的土水師張乞與張參根兄弟建造，歷時二年多相繼落成啟用。

黑瓦、紅磚牆面、洗石子基座，呈「ㄩ」字型排列的老校舍旁，植有一排綠油油的榕樹，環抱著大操場，構成清水國小美麗的基調。拱型的川廊和圓形造景窗，簡潔雅緻的造型，反映出日治時代質樸的美學觀。屋簷下廊道的斜瓦磚牆，風味典雅，令人恍如置身於古早的純真年代。至於教室下方抬高底座的設計、走廊的空間區隔，以及榕樹的遮庇，則使得教室與操場之間產生清晰的動、靜分野。背面一座座凸出的小空間，是讓學生可以放置掃除用具的貼心巧思。站在現代建築的角度來看，清水國小的古蹟校舍，可說早已具備相當前衛的空間規劃概念了。

🔔 戰後運動會上整齊劃一的旗舞表演。
➡ 全校大掃除！古蹟校舍的清掃，可是頗費工夫呢！

與紅磚校舍同一時期完工的大禮堂，原本並不打算使用鋼筋，但是經過1935年的關刀山大地震，工作人員出於安全考量，才添加了這項建材，同時構思具有補強結構作用的扶壁設計。禮堂擁有一座日治時代才有的小餒角屋頂，室內的藝術樑柱與天花板的設計極具特色，單純古拙與繁複典雅相映成趣。這所當地人口中「全台灣最美麗的學校禮堂」，幾乎承載了清水人所有的文化記憶，長久以來，舉凡學校、機關的重要慶典或藝文表演，總是選在這裡舉行。可惜的是，九二一地震時，禮堂部分結構受損，目前尚在整修；要想一窺其完整全貌，可能還得再等上一陣子！

難得故人來

環顧這一幕奠基於七十年前的清水風景，校長告訴我們，川村校長曾在六○年代藉由一次訪視台灣的機會回到清水。據說，一走進校園，他便抱著大榕樹「敘舊」：「當年的小樹竟長這麼大了！」如此深切的真情流露，難怪他是許多老校友心目中最難忘的師長。

徘徊在鋪著紅磚的長廊上，緩緩呼吸著午後的東洋風情，音樂教室裡傳來的悠揚鋼琴聲，提醒我們別忘了這裡不但有人文史蹟，還有台中縣唯一的國小音樂班——愛好音樂，莫非果真是所有清水人無法抗拒的耽溺？撇開川村秀德的致力推廣不說，南管、北管社團，早在六○年代就已經出現。1992年，開唱片行的吳長錕與同好合組的「古典音樂協進會」，更是提升清水人愛樂的一大功臣，否則，何來每年夏天眾人引頸期待的「牛罵頭音樂節」？一間小學校猶如大社會的縮影，誰說不是呢！

清水國小戰後運動會上的舞蹈表演。

校園百寶箱

在厚厚一疊清水國小收藏的老照片中，最有意思的是六○年代的「生活教育示範照」。那時候的清水國小，為了讓孩子在生活中學習，舉凡坐姿、拿茶杯的方式、讀書的姿勢、上廁所的禮節等，都會給予規範和指導，希望他們能養成良好的行為舉止。為了增加學習的興趣，校方想出了一個點子，就是由學童擔任「模特兒」，拍下儀態端正的示範照，以作為其他人觀摩的樣本。與二十一世紀個個猶如「街頭小霸王」的小學生們對照起來，實在不免感嘆；莫非，我們果真是活在一個禮樂崩壞的時代？

校園記事簿

西元1897年　一開始的「牛罵頭公學校」是在文昌祠裡上課的。
西元1920年　楊丁以第一名的優秀成績畢業了，多年以後，他還回到母校教書呢！
西元1935年　學校搬新家，川村秀德校長來了！有漂亮的教室，還有一塊大石頭。
西元1992年　開唱片行的吳長錕叔叔成立了「台中港區古典音樂學會」，教我們怎麼聽古典音樂。
西元1994年　學校裡那棟紅磚蓋的教室變成重要的古蹟了。
西元1997年　學校一百歲了，全鎮的人都在幫學校過生日！
西元2000年　哇！好大好漂亮的港區藝術中心開幕了耶！

椰林大道雄風展

Taichung 大同國小
台中市西區自由路1段138號

> 將真心奉獻給天皇與國家,光芒照耀人民和鄰國,
> 神聖尊貴的詔敕,深深的刻在胸中。
>
> ——日治時代〈明治尋常高等小學校校歌〉

雍正年間,來到這個潮濕地帶開墾的先民,入目所見,只有凹凸不平的地面,到處都是高起的土堆,也就是漢語中的「墩」。他們選擇了其中一塊最大的高地建立聚落,一方面可以防止每逢下雨就淹水的問題,另一方面也可作為登高望遠的屏障。後來,這裡就被叫作「大墩」了;用了一百七十多年的地名,直到1896年,才換了個新名字——台中。

十九世紀末到二十世紀上半葉,是台中發展最快速的階段,相較於台灣其他大都市多半在清朝便已初具雛型,它的成熟則大約是在日治時代才真正開始。日本當局看上台中優越的地理條件,積極實施市區改進計畫,河川整治截彎取直,道路棋盤化,並開通縱貫鐵路,將其興建為台灣第一個近代化的都市。

▲ 1906年台中小學校的師生畢業照,畢業生清一色為日本人。
● 日治早期的台中小學校校景。

日人的貴族學府

種種建設措施裡,「興學」總是殖民政策中最重要的一環。如今重新審視台中的小學教育史,便會發現在這個占地並不大的核心

城市，竟有五所年歲過百、歷史悠久的小學，由此可見日本政府對於本地教育的重視。這五所學校皆各具特色，而其中最特別的或許就是「大同國小」。

西元1899年，專收日籍兒童的「台中小學校」成立，這是當地第一所為了日人子弟設置的小學，此後名稱幾經更迭，但是其中一定有「尋常高等小學校」字樣。1941年，由於校址位於明治街而改為「明治小學校」，亦即後來的「大同國民學校」。日治時代的台中人咸信，「明治小學校」是一所培育「內地人」官家子弟的貴族學府，所以校園設施氣派非凡，根據一位老校友的回憶：「那時學校裡有一排老舊的日式挑高離地一米餘的木造教室。」由此不難想像「小學校」受重視的程度。

耆老口中的「昭和太子陽台」。據說昭和曾在其上，向台中民眾揮手致意。

大同國小曾是台中日治時代的「高級小學」。

日本昭和天皇曾於1923年造訪大同國小。

大同的古蹟校舍造型樸質素雅；為1934年所建。

皇族三度來訪

除了環境之外，日本皇室對它的青睞，也是大同國小地位顯赫的另一明證——包括皇太子裕仁及其岳父久邇宮邦彥親王等皇族，前後曾經三次來此視察。

裕仁的訪台，導因於當時的台灣總督田健治郎原擬邀請大正天皇來台遊歷，但因大正天皇身體不適，故派遣太子為代表。1923年4月16日，裕仁搭乘軍艦金剛號抵台，進行被視為「三百年來空前盛事，全島人民無上光榮」的「行啟」。今天，從台灣頭到台灣尾，幾乎在各地都還可以看到此次巡訪留下的紀念文物，例如各種以「太子」為名的處所、紀念碑，或是裕仁蒞臨時所栽種的「昭和太子樹」。

當裕仁到達台中時，所有女中、小學校、公學校的學生都集合在大同國小的運動場上，用歌聲迎接這位神聖崇高的皇太子，就因為這個機緣，使得大同國小多了一樣其他學

校沒有的「寶物」——「昭和太子陽台」。

　　「陽台」的位置，就在現在的行政大樓二樓，雖然看起來沒什麼特別之處，不過，光是想到裕仁當年曾經站在那裡，便足以讓它的歷史身價竄升數倍了。但令人感到遺憾的是，陽台的保存雖然大致完好，但是由於經過整修，早期風貌已杳無蹤影，學生們夾道高搖紙製太陽旗歡迎皇太子的盛大場面，也只能透過耆老的口述遙想與重溫了。

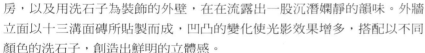

-  大同國小古蹟校舍中的樓梯，質感細膩、典雅端莊。
- 大同古蹟校舍的廊柱造型簡單高雅。
- 五〇年代大同師生共同製作的「台灣綜合立體地圖」。

華貴梯廳台灣圖

　　行政大樓原本是磚造二層樓、雙邊走廊教室，這或許是大同國小相當現代化的校園裡，唯一可以倚老賣老的角色了。已經被列為台中市定古蹟的它，不同於常見的日式紅磚校舍，其土黃色磚牆、廊柱式樓房，以及用洗石子為裝飾的外牆，在在流露出一股沉潛嫻靜的韻味。外牆立面以十三溝面磚所貼製而成，凹凸的變化使光影效果增多，搭配以不同顏色的洗石子，創造出鮮明的立體感。

　　走進大樓內部，會發現它的樓梯更是特別，梯道比一般樓梯來得寬，扶手欄杆全是磨石子，圓弧造型在厚實穩重中愈顯典雅，而透空的設計更展現豐富的透視變化。寬敞豪華、採光極佳的梯廳當中，還立有造型古樸的廊柱，給人舒適恢弘的整體感。恍惚之間，還以為自己來到了哪家豪門貴戶的大廳呢！畢竟，如此大氣的校園建築是可遇而不可求的。

　　大樓樓梯旁，有一幅老舊的「台灣綜合立體地圖」，看起來灰樸樸的，很不起眼，但是，千萬別小看了這幅由全校師生共同完成的地圖，五十餘年的歲月浸淫，讓它成了大同國小的鎮校之寶。地圖高約2.5公尺，寬1.5公尺，完全以木材製成，就連高山地形也是用一塊塊木材貼上去的，十五萬分之一的比例，正確而精細。觀賞這幅立體圖時，會發現上面佈滿了好些窟窿，有點像是機關槍掃射所留下的彈孔，看來大同國小也不免遭受被戰火襲擊的命運！其實不然，師生們於戰後初期製作地圖

🔺 1933年明治小學校地理科的上課情形。
🔻 筆直的「大同椰林大道」是許多校友最
　　喜愛的校園景色。

之時，曾經以電燈作為台灣重要城市和山脈的標誌，然而年久失修之後，燈泡已毀損，昔日的巧思被「時間」這利器破壞殆盡，留下了無數個黑洞。現在要找到這種完全由人工和木材製作的大地圖，想來是不太容易；希罕的它，承載著大同校友們最為津津樂道的一段溫暖記憶。

椰林大道小學府

　　就在實施九年國教的1968年，大同國小將部分校地撥借給鄰近的光明國中，兩校學生不但要共同使用一個運動場，就連小學廁所也因為經過美化並有圖畫可以觀賞，總是吸引大批國中生不惜穿越那道小鐵門。這種「熱情」，要到1997年，光明國中將校地歸還以後，才逐漸「冷卻」。

　　現在的大同國小，不僅校地遼闊且花木扶疏。綠意盎然的生命力展現在升旗台兩側濃蔭蔽日的十數棵古榕身上，他們原本環繞在未拆除前的木造禮堂四周，是在校園整修時，動員全校老師的力量，綁上拔河用的粗繩索慢慢挖掘移植。繞到行政大樓後方，只見筆直高聳，迎風搖曳的大王椰子，聽說，每棵樹之間的距離都是師長們用尺精心測量出來的。適逢「蟬聲唧唧」的畢業季，許多孩子嬉鬧喧騰的在此留下他們六年學習生涯的見證，那種壯觀的氣勢，老實說，一點也不輸給北台灣那所以「椰林大道」著稱的學府喔！

 ### 校園記事簿

西元1899年　我們學校的名字是「台中尋常小學校」，一開始就沒地方落腳，所以借住在台中公學校裡。
西元1908年　日本天皇的叔父大駕光臨囉！
西元1919年　學校搬新家了，日本皇太子的老丈人還前來慶賀呢！
西元1923年　這是學校最風光的一年，因為皇太子也來拜訪我們。
西元1946年　今年學校改了一個中國式的名字，叫作「大同國民學校」。
西元1968年　學校一部分的校地借給光明國中的大哥們使用。
西元1999年　一百歲了，該許什麼願好呢？

台灣新文學搖籃

雞聲四起，很沈重緩慢的澀喉，盡力啼著，一齊啼著，好像在喚醒沈酣裡的天地一樣，天地總是無心呀！牠儘管在啼呀！好容易雲縷縷的散了！東方也紅了，一輪紅日跳舞似地放出萬丈光芒了。

——日治彰化詩人　陳虛谷〈八卦山秋曉〉

只要一看到那尊瞇著眼、沐浴在金黃色陽光裡的大佛……，不用說，你必然認得出，這裡就是八卦山下的彰化市。配合圍牆的弧度，走著微微彎曲的紅磚道，一路抵達中山國小大門口。你能想像嗎？這所名字有點八股、看來一點也不輝煌顯赫的小學，竟孕育了三顆日治台灣新文學的閃亮明星——賴和、楊守愚和陳虛谷。

賴和筆下的回憶

舊名「半線」的彰化，原本是平埔族半線社活動的區域，清廷於西元1723年聽從巡台御史的建言，在此置縣；三年後，知縣張鎬創建了「彰化孔廟」，成為縣學所在，也是二百多年來的文教重地。1897年中山國小的前身——彰化最早的新式教育機構「彰化國語傳習所」，在這裡舉行了「開學式」。後來，改制為「彰化公學校」以後，也有長達十八年的時間借用孔廟的廂房上課，大成殿前的

彰化孔廟是中山國小的出生地。
1906年第四屆畢業典禮仍是在孔廟舉行。

① 1908年彰化公學校的學年休業式，圖中可看出當時的小學生仍拖著辮子上學。
② 賴和現存最早的照片，大約是入公學校時所攝；當時尚未剪辮。

廣場因此每每成為學生集會留影的背景。凝視老照片裡留辮子、穿長衫與日本老師、同學合影的台灣學生，不禁讓人想起台灣新文學之父——賴和的〈無聊的回憶〉。

在這篇以「教育」為主題的散文名作中，賴和提及小時候因為害怕進公學校會被剪去辮子，所以幾乎不敢上學的心情：「在我當時的意識裡，覺得沒有一條辮子拖在背後，就不像是人。」生長於一個重視漢學教育的家庭，又跟著「小逸堂」的黃倬其先生打下扎實的國學基礎，幼年的賴和對日本人的學校會有這樣的疑慮，實在一點也不奇怪，甚至相當程度的反映出當時台灣人的普遍態度——民族大義的考量是多數人看待日本教育的立基點，也有家庭礙於經濟環境的窘迫，無法送孩子入學，再加上中輟生層出不窮，因此，能夠在公學校順利就讀、畢業的孩子實為少數。

總而言之，日本教育開辦之初，招生的成效並不卓著，因此為了獎勵學童上學，一遇有重要節慶，例如天皇生日、皇子誕生，校方都會分送餅乾、包子給學生，於是那句流行的俗語「落地包仔食愈多」，就是這麼來的。

進步與幸福

賴和自己的親身經歷，讓他得以對殖民教育與舊式教育，進行深入的觀察和縝密的反思，並且還能進一步指出書房與公學校兩種教育文化的差異——書房像「監獄」，其根本教

台灣新文學之父——賴和

賴和（1894~1943），本名賴河，出生於彰化，十二歲時入彰化公學校就讀，於台北醫學校畢業後，在彰化開設醫院，懸壺濟世。1921年加入「台灣文化協會」，成為日治時代台灣民族運動的要角，因參與文協的民主運動，反抗總督府，多次被捕入獄，1941年，更再度無故被捕，拘禁五十日後，因病重出獄，兩年後病逝。
賴和曾主持《台灣民報》的文藝欄，致力發掘培養青年作家。他原為舊詩人，加入台灣文協後，開始白話文學的創作，其詩文建築在抵抗無理的壓迫剝削上，站在人民的立場發言，此一風格雖是台灣文學作品中常見的題材，但賴和卻是當時首開風氣之人。他之所以被人稱為「台灣新文學之父」、「台灣新文學運動的領導者」，就是因為他樹立了台灣新文學運動最重要的精神標竿。

育原則只有一個字——「打」！而學童在公學校裡，則有比較多嬉戲的時間和自由度。但是，殖民教育體制帶給賴和的影響，卻沒有發揮正面的肯定作用，因為他早已意識到，「知識」是有階級性（有錢人才能讀）和種族性的（不是日本人，讀了沒用），當他思考走到這一步，便很自然的產生了「教育意味著時代的進步，但『進步』與『幸福』卻無法相容」的感慨。

「進步」與「幸福」的關係？——置身新舊交融的校園，賴和的唱嘆彷彿也成為所有人心底的問號。

百大歷史建物

中山國小最特出的景觀，就是名列台灣「百大歷史建物」，建造於1939年的「北棟教室」。它的走廊立面為羅馬式圓拱，屋頂呈木造雙斜式瓦頂；如果觀察得夠仔細，便會發現某些門窗玻璃上寫著「中山」兩個字，那就是少說也有五、六十年歷史、大名鼎鼎的「中山玻璃」。

校舍的教室牆腳間，留有避免潮濕悶熱的通氣孔，則是早期日本校舍特有的設計。在整棟建築中央立面的正上方，有一個像是徽章的環型裝飾，如果以為這

● 1939年中山北棟校舍興建時的上樑典禮。

▼ 走在中山校園的長廊上，似乎望見台灣文學的身影。

新文學的多產作家——楊守愚

楊守愚(1905~1959)，本名楊松茂，出生於彰化與賴和同鄉，受後者鼓勵投入新文學創作，是日治時代極為多產的作家，且僅用漢文寫作。其主要創作文類為小說，發表作品共約四十篇。楊守愚年輕時，曾因「台灣黑色青年聯盟事件」被檢舉，該聯盟所抱持的社會主義思想，也成為他的小說和部分新詩的基調——站在農工階級的立場發言。除了新文學作品外，他也留下為數可觀的舊詩傳世，直至戰後幾乎不再有作品出現。

早年為了防止玻璃遭竊，中山校方都會刻上校名。

中山的北棟校舍名列台灣百大歷史建物之一。

五〇年代國軍文化服務隊下鄉服務，帶領中山學子們在北棟校舍前唱遊。

是中山國小的精神象徵——校徽，那可就大錯特錯了，它的正確名號是「時鐘座」。北棟校舍建造初期，校方想出了一個辦法，用一座顯眼的大時鐘來加強學生的守時觀念，卻沒料到，長期日曬雨淋使時鐘折損率奇高，所以時鐘座後來就不再擺放時鐘了。

記憶中的禮堂

除了北棟教室外，曾經校園內還有一棟在西元1929年落成啟用的紅磚禮堂，它的造型獨特、做工細膩，赭紅色牆面與一旁大榕樹的蒼翠綠蔭相互輝映，猶如一幅詩情畫意的油彩小品。但令人遺憾的是，由

默園詩人——陳虛谷

陳虛谷(1896~1965)，本名陳滿盈，另有筆名「一村」。出生於彰化和美的農家，五、六歲的時候，過繼給塗厝陳家當養子。1920年，陳虛谷到日本留學，期間正值台灣議會設置請願運動，以及台灣文協、台灣民報等台灣民族運動的興起，陳虛谷恭逢其盛，積極投入其中，是當時台灣文化運動的要角之一。從日本返台後，陳虛谷繼續投入文協運動，赴各地演講，並在賴和主持的台灣民報文藝欄發表新詩和小說。1939年以後，淡出新文學陣線，偶爾寫詩自娛。「默園」為陳虛谷養父所造，主建築為一雙層大樓，人稱「洋樓」，後因陳虛谷結交抗日文人而取名「默園」，有潛默抗日不妥協之意。

於七十多年的歲月洗禮，加上高穿透力的榕樹根攀附侵蝕，禮堂主體結構早已受到嚴重破壞，在校舍不敷使用的情況下，學校在2002年已將這座老禮堂拆除，所以我們現在也只能藉由一張一張定格影像，去追尋丰姿綽約的紅磚蹤跡。

校園巡禮繼續在「傳統與現代、拆遷和重建」之間進行，走在揚不起一絲塵土的PU跑道上，古舊的北棟教室和新式的樓房校舍同時映入眼簾，腦海裡揣想著那間早已消失了的紅磚禮堂，盤旋在耳邊的，卻是一句來自七十多年前的迢遙回音——「啊！時代的進步和人們的幸福原來是兩件事。」就這樣，我們終於深刻的理解了賴和！

🔼 中山的紅磚老禮堂，已於2002年拆除。

🔽 1916年中山國小變為男校，直至五十年後，校園中才又再次出現女孩們的笑語。

 校園記事簿

西元1726年	知縣張鎬創建「彰化孔廟」。
西元1897年	孔廟裡出現了一個「國語傳習所」，後來就變成了我們的「彰化公學校」。
西元1911年	陳虛谷爺爺今年從學校畢業。
西元1928年	賴和爺爺撰寫〈無聊的回憶〉，他是我們的校友喔！
西元1973年	學校今年開始實施男女合校。
西元1997年	今年學校剛好滿一百歲喲！
西元2002年	美麗的紅磚禮堂被拆掉了……

濁水淙淙 八堡潺潺

草木萌芽魂甦回，要知神之心是今時，
聞永和的真理於小鳥，尋找無限之我於草花。

——二水藝術家及作家　王白淵〈南國之春〉

🔺 日治時二水小學校與公學校
比鄰而建，戰後兩校合併；
圖為當時的小學校校門。
🔻 日治時代二水公學校放置天
皇敕語的奉安室。

戰爭的煙硝瀰漫著整個島嶼，帶來困苦、驚恐，也帶來了在日本長野縣農家出生，本該繼承家業的少年堀口貫一。

長野縣的少年

南國風景，住民開朗的笑臉，想像中的模糊輪廓，都成為吸引堀口貫一前往台灣的動力。帶著堅強的決心，在家族的反對聲浪下，他考取了台中師範學校。1937年離開下著濛濛細雪的故鄉，經過風景絕佳的瀨戶內海，當「基隆出現在眼前時，看到那綠色樹木在搖動的情景時，好像是在作夢的感覺。」兩年後，「在忐忑不安當中就畢業了，幸運的分發到台中州，恰好是員林郡二水庄。」來到二水公學校，他寫下：「接觸到這些可愛的小朋友，只是不顧一切的很喜歡得連休息時間都在運動場一起跑動著。」當時從初等科畢業想要升入高等科的學生太多，被選為高等科老師的堀口，於是對上級提出增加每班人數的要求，教室因此變得擁擠了，然而他的教學生涯卻是青春飛揚，年輕有勁。

隨著戰況日漸吃緊，他被派往州廳的「皇民鍊成所」從事青年教育。

就在那個關鍵的1945年8月15日，「內地」傳來戰敗投降的消息，鍊成所關閉了，堀口回到二水，在街頭做些賣魚、牽牛車之類的勞力苦工，以求溫飽。一天，以前教過的學生跑來跟他說：「老師，米等一下就會送過來，你不要做這些啦！……」

⚠ 日治時代操場上孩童快樂的舞蹈，教室裡學生專注的讀書。

堀口還記得嗎？幾個月前的某一天，在「二水東國民學校」，剛入學的新生像往常一樣，跟在哥哥姊姊後頭，快快樂樂的到了學校。踏進校門，照例先在神社前彎腰行禮，然後繞過小木橋，走到西校舍的教室裡念起了「あいうえお」。「嗡～嗡～！」突然，從山的那一邊傳出愈來愈近的警報聲，校長緊急而高分貝的語調，透過麥克風飄盪在校園上空：「快躲！」全校師生目標一致的往防空洞的方向逃竄。機關槍霹哩啪啦的掃射沒有持續太久，卻足以讓校舍變得滿目瘡痍，學校旁的八堡圳還被投擲了兩顆沒爆炸的炸彈。一團慌亂中，一個個小小的身子，摸索著找尋回家的路。從那天起，學校開始停課。

第二年，小學生升上二年級，學校沒換位置，卻換了個「腦袋」——變成「二水第一國民學校」。

話說二八水

二水，清朝的施世榜招攬流民，導引濁水溪支流滋潤八堡，相隔兩年，黃仕卿開鑿十五庄圳，讓荒土成為良田。二百多年來，兩條「八」字型的灌溉渠道靜靜流淌過這片平疇

二水傳奇——林先生廟

此廟位於二水鄉員集路旁。據《彰化縣志·人物志·林先生傳》所述，林先生「不知何許人也，衣冠古樸，談吐風雅。」時人施世榜開圳工程之初（1719年），因屢次不成，束手無策，有個人求見施世榜說：「聞子欲興水利，功德固大，但未得法爾，吾當為公成之。」施世榜問他名字，笑而不答，只說叫他林先生即可。施世榜依林先生教的導水圖法，「悉如其言，遂通濁水，引以灌田，號八堡圳」。水圳完成，施世榜想用千金銘謝，林先生堅決不收，不久後便離開了彰化，從此杳無音訊。後人感念其德，建林先生廟以追念其偉蹟。

① 八堡圳是彰化平原十分重要的灌溉溝渠。
➋ 林先生廟後的八堡圳源頭紀念碑。
Ⓥ 二水鄉民感念林先生引水之恩，特地建廟立碑紀念。

① 淺井初子老師之遺族：丈夫、子女及妹妹。
➋ 西元1940年《台中州教育》特為淺井老師發行的追悼專刊。

沃野，只留下圳頭的「林先生廟」低語「台灣大禹」指點迷津的拓墾佳話。如今，烽火已遠，歲月太平，二水不但是集集支線與縱貫鐵路的交會點，也是台灣農村聚落保存最完整的鄉鎮，更是在地人引以為傲的「無犯罪之鄉」。這裡，誕生了第一位台籍省主席以及台籍副總統——謝東閔先生；也培育了一生都走著「荊棘之路」的藝術家王白淵，他們都曾在「二八水公學校」度過最初的求學階段。

從「二八水」、「二水」、「二水東」，再變成「二水」，名稱的遞變，讓我們看到了歷史輪軸轉動的軌跡。雖然二水地處偏遠且並不富裕，1902年，鄉紳們為了子弟的教育仍積極向執政當局爭取設校，終於不久後，鄉民與師生們在檳榔樹幹搭建而成的竹屋茅舍中，送走了第一屆唯一的畢業生李井，鑿開了二水鄉的教育源頭。

那時候，學校老師幾乎清一色是日本人，在台灣小學生眼裡，日本老師嚴肅而有權威，不過，對待學生，卻是無微不至的付出，拋棄家業的堀口貫一是個例子，而與二水公學校僅一籬之隔的「二水尋常小學校」裡，那個年輕的淺井初子老師，也毫不遜色。

捨身的淺井老師

1940年8月，二水小學校舉辦遠足會，師生們難得一同到郊外踏青。正當大夥兒在八堡圳旁愉快分享著出遊的喜悅時，一個在河邊嬉水的學生，卻不留神的掉到河裡去。淺井老師見狀，想都沒想就奮不顧身跳入水中，搶救那正與死神搏鬥的孩子，遺憾的是，由於她本身不諳水性，加上水流湍急，導致師生兩人雙雙溺斃。當時的淺井初子才三十二歲，身後留下三男一女稚齡幼兒。悲劇傳回二水街上，民眾都對她捨身救人的義舉感佩不已。為了表揚淺井老師呵護學生的大愛精神，便在二水公學校禮堂舉行了追悼

會，不但各級長官前來致意，更有甚者，台中州的教育刊物《台中州教育》還發行了〈淺井初子訓導追悼號〉專刊，當時的台灣總督小林躋造也頒發表彰狀給淺井老師的家人。

兩年後，二水小學校為了紀念此一義行，便在校門入口處右側立起了「淺井先生之碑」，以供後人追思。戰後，二水小學校的校園及校產由二水公學校接管；六○年代，二水國小進行校園整建，就在翻修老舊建築時，紀念碑也遭到拆毀棄置的命運。直到1998年，在有心的地方人士呼籲與奔走之下，本著教育之愛無國界的理念，二水國小在原址重新立碑，這個感人的故事也就因此繼續流傳了下來……。

八卦山下、濁水溪畔，二水人總是略帶豪氣的稱呼自家是「彰化之南的人間淨土」、是「好山、好水、好二水」。這麼多故事背後，迴盪著同樣的主旋律：不只是淳厚簡樸的民風，或紅瓦古厝的田園風光，那超越國族界線、濃郁芬芳的人情美味，正是百年二水的最大財富。

位於二水小學校內的淺井先生之碑，於1998年在校園內重塑。

王白淵的「荊棘之路」

王白淵（1902~1965），出生於彰化二水。二水公學校畢業，考入台北師範學校公學師範部，後赴日留學，就讀東京美術學校師範科。畢業後留在日本任職，未及三年便轉往上海執教。雖然學的是美術，王白淵卻相當熱中於文學創作，留日時曾發起「東京台灣藝術研究會」，在三○年代的東京文化圈裡，是個積極而活躍的台灣知識份子，出版過詩集《荊棘之道》。戰後任職報社，二二八事件發生時，報界成為主要的整肅目標，王白淵也因此被捕，經人保釋得以逃過一劫，不過仍然多次以「叛亂罪嫌」、「知情不報」等罪名入獄。

校園記事簿

西元1719年	「八堡一圳」是在今年完工，這可是台灣中部最重要的水利工程呢！
西元1902年	「二八水公學校」出現了，跟它同一年誕生的藝術家王白淵，以後也會來這裡念書。
西元1930年	二水到車埕的「集集支線」從今年開始通車了。
西元1940年	淺井初子老師為了救一個學生不幸淹死了，大家都好難過。
西元1978年	謝東閔學長當上了副總統真了不起。
西元2001年	二水國小一百歲了，耶！
西元2002年	你知道在星光下騎腳踏車的滋味嗎？歡迎你來試試我們剛剛規劃好，24小時不打烊的「自行車環鄉網路」。

震不倒百年鑾宮

登雲有路志為梯聯步高攀鳳閣
瀛海無涯動是岸翻身跳進龍門

——草屯登瀛書院對聯

日治草鞋墩公學校校印。
仍在整建中的草屯老禮堂
難掩其古典優雅的韻味。

「洪元煌可以說是草屯青年的領導者，他在文化協會、民眾黨、自治聯盟都擔任過重要的角色，以『白頭殼仔』名傳全島……白髮童顏，銀絲白得發亮，體格粗大結實，鄉人多叫他『大塊元煌』；……在台灣社會運動史上，算是一個不可或缺的怪傑。」洪元煌的草屯同鄉日治文學家張深切，在其回憶錄《里程碑》一書中這樣描述「大塊元煌」。

事實上，不僅在台灣近代民族運動中占有一席之地，洪元煌在草屯地區的教育史上，也相當重要，因為，他是這裡最早成立的「草鞋墩公學校」的首屆畢業生。

草鞋墩裡秀才窩

清代的草鞋墩，是往來埔里、鹿港之間的貿易商旅，工人挑夫必經的中繼站，他們常常在這裡休憩打尖，順便替換破損得差不多了的草鞋，久而久之，廢棄的草鞋堆積成了土墩的樣子，「草鞋墩」之名也就不脛而走。日治時代，總督府實行地名簡化政策，地名凡是三個字的，都要縮減為二個字，有「墩」的一律改成「屯」；於是，這個以編織草鞋聞名，並且盛產稻米的小

鎮，就變成我們今天口中的「草屯」了。

　　山明水秀的草鞋墩，有個「秀才窩」的稱號，不僅孕育了文武秀才數十人，還有南投三大書院之一的百年古蹟「登瀛書院」坐鎮一方。傳統的文教事業在書院將玉峰社等三十五甲學田，捐給「草鞋墩役場」興建學校之後完全停擺，而新式教育在此時有了成長的空間。洪元煌的父親武舉人洪玉麟，以及出身於殷商世家、漢學底子深厚的名紳李春盛，即為推動草鞋墩現代文教的兩位靈魂人物。

🔺 日治教師派令。

⊖ 草屯創校五十週年紀念碑的造型相當獨特。其上的草屯校徽是以「艸」環抱「屯」所組成。

二十歲才小學畢業

　　從「南投公學校草鞋墩分教場」獨立為「草鞋墩公學校」，在尋覓校地期間，漢學老師李春盛熱心出借了他的居所作為學童們上課的地方，而當時擔任南投新庄區區長的洪玉麟，則多方奔走斡旋、籌募經費，在地方人士李昌其、黃春帆等人的合力協助之下，奠定了建設「草鞋墩公學校」的良好基礎。1904年，校舍竣工，同年，有了第一屆畢業生，而且是唯一的一個。

　　算起來，公學校畢業時的洪元煌，幾乎已經將屆二十「高齡」，跟他的老師李春盛，相差不過三歲，是不是太稀奇了點呢？其實，這是有原因的。雖然在洪玉麟的大力奔走之下，成立了「草鞋墩公學校」，然而，當時的台灣人對於「受日本教育」這件事，仍抱持著高度反感，為了使就學的號召更具有說服力，洪玉麟當然要「以身作則」，也讓自己的孩子在公學校求學。從創校時的入學人數來看，這個方法起初還算頗收成效，可是時間一久，中途輟學的孩子就愈來愈多，這也是為什麼第一次「驗收成果」時，只剩下具有「指標意義」的洪元煌領畢業證書了。

校園好風味

　　走過一百年的歲月，綠草如茵的草屯國小，已經不再門可羅雀。在「九二一」重建工作接近尾聲的盛夏，我們走訪了這所曾經遭受地震洗禮的校園。

　　來到草屯國小，首先要看的，就是師生們公認的最美麗建築──日治時代的大禮堂

「中正堂」。中正堂大約建造於三〇年代，是典型的日式紅磚校舍，流露出介於古典與現代的過渡風格，比一般同時期的學校禮堂更為華麗輝煌。它的正面是弧形拱門，拱圈上的拱心石特意用誇飾的手法加以突顯。曾有一段時期，校方將這座禮堂漆成白色，因而被戲稱為「小白宮」，不論任何活動，只要學生們要合照這裡一定是最佳景點。雖然外表看來無恙，實際上內部結構仍因九二一地震而遭受某種程度的破壞，校方因而採取封館維修的措施。但由於校方與文史工作者對於修復方式抱持不同意見，所以這項工程目前是處於停頓狀態。

草屯國小的日治校歌，描述當地四季風光，意境優美。

草屯國小創校五十年紀念碑，雖建於戰後，卻有濃厚的東洋風。

中正堂充滿了濃濃的日本味，矗立在校門附近的「建校五十週年紀念碑」則同樣具有東洋風。乍看碑上的落款日期是「民國三十九年五月」，不免有種時空錯亂的感覺，但我們隨即想起：四〇年代晚期，脫離殖民統治未久，台灣土地上還會出現日式建築，其實是極為普遍的現象，這座紀念碑也許就是最好的代表——高約二公尺，以洗石子飾面，基座有草屯國小校徽，碑座上裝飾以巴洛克風格的葉片，像是一雙捧起紀念碑的手，而頂端為尖錘造型，突顯出其崇高的「紀念」意味，整體看來獨特典雅。在我們所看過的建校紀念碑中，它的細緻端莊，絕對堪稱數一數二。

孤獨的野人——張深切

張深切（1904~1965），南投草屯人，五歲時過繼給養父張玉書。1917年，隨林獻堂赴日，後因與台灣民族運動人士來往，奠定投身社會運動的基礎。1924年與洪元煌、李春哮等人，籌組草屯炎峰青年會積極投入政治運動；1934年，主編《台灣文藝》。1947年，因二二八事件逃亡，避居山中期間完成《我與我的思想》等著作。為人個性好強，固守信念，一生坎坷卻也十分豐富，集革命家、思想家、哲學家、文學作家、批判家、電影劇作家與導演等多重身分於一身。

九九歲，九九峰

九二一發生在草屯國小九十九歲的那一年，地震毀損了學校部分校舍，在重建過程中，許多民間團體的愛心，使孩子們很快的恢復了正常的作息，因此校方特地在舉辦百年校慶的前夕，建造一座「百週年暨重建紀念碑」，上面不但銘刻創校百年的欣喜，也對來自各方的協助與關切表示感謝。兩塊巨石對望成一山門，讓人隱隱然記起大地無堅不摧的威力，同時隱含著對於這片土地的祈禱祝福，看起來像是極具現代感的公園造景，而沒有嚴肅的憑弔意味，因此成為學童課餘時最喜歡嬉戲遊玩的地方。

▲ 地震重建紀念碑是孩子們常常流連玩耍之處。

看著孩子們在紀念碑與大榕樹之間飛奔跳躍，我們想起了比洪元煌晚十幾年進入「草鞋墩公學校」就讀的張深切，曾因為向同學宣揚：「我們為什麼不能講台灣話？」而受到老師處罰，甚至還被學校開除。不遑多讓，這裡還出了個以追求「台灣獨立」為終生職志的法學博士許世楷。流浪海外期間，許世楷腦海中揮之不去的，則是草屯國民學校時期，每天站在操場上與之對望的「九九峰的偉容」。經過休養生息的九九峰，已經逐漸走出創傷的陰霾，繁衍了絲絲綠意。至於草屯國小，歷練了大地震的天搖地動，如今，也換上了欣欣向榮的面貌，奮力邁向下一世紀。

台灣民族運動的鬥士──洪元煌

洪元煌(1883~1958)，草屯青年的領導者，在台灣文協、自治聯盟都擔任過要角，以「白頭殼仔」聞名全台，因體格粗壯結實，「大塊元煌」之名在鄉間不脛而走。為人豪爽，思路靈敏，口才便捷，曾在台灣地方自治聯盟中語出驚人表示：「若日本政府不同意吾人要求，可群起抗繳賦稅。」張深切在《里程碑》一書中，對他多所描述，稱其啟迪民智、喚醒民眾，不遺餘力。

 校園記事簿

西元1848年 「登瀛書院」在今年蓋好了，它可是南投三大書院之一喲！
西元1900年 我們搬到李春盛老師家上課，老師說我們的「草鞋墩公學校」很快就會有漂亮的校園了。
西元1904年 學校終於蓋好囉！還舉行了第一屆畢業典禮喔！不過畢業生只有洪元煌學長一個人。
西元1917年 張深切問大家：「我們為什麼不能講台灣話呢？」結果他就被開除了！
西元1950年 嘿嘿！學校過五十大壽，建了一個很漂亮的紀念碑。
西元1999年 九二一地震真恐怖，好幾間教室都倒了，還好有好心的叔叔幫我們重建校園。
西元2000年 今年是學校的一百歲生日，重建的教室也都蓋好了，真棒！

綻放希望之光

藍喜出青傳聖教　　田勤種玉煥文光

——南投　藍田書院碑文

- 南投國小校園的百年老榕。
- 1917年藍田書院整建完成，這裡是南投國小的誕生地。

有「經濟萬靈丹」之稱的政壇名人江丙坤先生，曾在訪談中提起他的童年往事：小學階段，正是日本窮兵黷武、意圖大舉南進的時候，在糧食缺乏的情況下，以地瓜葉糊口是家常便飯；即使年紀幼小，也被迫參與了「增產」的行列——每天涉水度過貓羅溪去撿拾活蝸牛以充當軍隊糧食，並在學校的「鼓勵」下種植篦麻，作為提供軍隊所需的燃料。到了戰爭末期，美軍飛機開始轟炸台灣，住家附近的鳳梨工廠，就因為一顆炸彈而成為廢墟……。講起來，這些都是所謂「二年級生」相似的生命經驗，但是，記憶不會是大腦某一區塊裡的靜態收藏，而是每每從不經意的角落裡冒出頭來，與現實人生交互掩映的指向。

一切，就從他的故鄉與母校——南投與南投國小說起。

從書院搖身一變

　　翠綠的山巒與清澄的溪流，猶如骨肉與血脈，交會成台灣的心臟——南投；它的山明水秀、沃土豐壤，在雍正年間吸引了大批漳州人士前來拓墾、定居、經商。土地開闢之後，一旦人口稠密、街肆成形，接下來的步驟幾乎總是「興教化」以移風易俗，啟蒙民智，這裡自然也不例外。地方上的有識之士曾經先後開設了三、四所書房，卻都未能達到預期目標，直到1833年興建「藍田書院」後，才算是真正文風大盛。藍田書院，又名「文昌祠」，與草屯「登瀛書院」、集集「明新書院」並列為南投縣三大古蹟書院。這座涵攝人文學養的發祥地，可以說是南投國小的前身——1896年，日本政府設立「台中國語傳習所南投分教場」之初，借用書院的右廂房作為教室，過了兩年學校改制，第一屆到第六屆的學生還是繼續在書院度過公學校生涯。後來，學童人數逐漸增多，校方選定書院北側為新校舍的所在地，也就是今天的「南投國小」。

🔔 1942年南投南國民學校新生入學時，師生於校門前合影。
🔔 日治末期南投南國民學校「體鍊科」中的劍道課程，充滿了軍武氣息。
🔔 經歷九二一地震，重建後的南投國小校園，處處充滿人文氣息。

淵源深厚的書院與小學，攜手走過一個世紀，卻幾乎在1999年「九二一地震」毀於一旦——五十七個班級的南投國小，有四十一間教室全倒。剛剛耗費鉅資修葺的藍田書院，雖然看起來安然無恙，但事實上內部結構已經受損。三合院的左右廂房被列為不得靠近的危樓，只有後進的兩層樓正殿局部對外開放。

　　大地震摧毀了時代的見證，卻也帶來了社會的溫暖——由慈濟功德會「希望工程」領軍的重建工作，縮短了南投國小療傷止痛的時程。此刻眼裡所見，盡是素樸雅潔的校舍，花圃、草坪、雕像……，一切如新，都是眾人愛心的匯聚，唯有那棵大榕樹，散發著古老的氣息。

🔼 1919年的南投公學校師生畢業照；在泛黃的照片中可見老榕樹的年輕身影。
🔽 重建後的南投校園建築，古今交融。

嘉慶年的老榕樹

　　這棵據稱栽植於嘉慶年間的老榕樹，大約已超過兩百歲高齡！年深月久，基幹早已腐朽，卻有另外兩株分支從中空的樹身裡長出來，形成三株共生一體的特殊景觀。已經退休的林老師說，老榕樹身邊本來站滿了成排的教室，受到建築物的限制，因此必須定期修剪，無法自在的伸展枝椏。在原有教室一一拆除之後，它現在的「活動」範圍可說是「海闊天空」呢！

　　枝葉茂密，蔭涼寬廣，百年來老榕樹猶如一把保護傘，提供莘莘學子一個休憩遊玩的好地方，而從底部的圓形護牆和樹梢的避雷針裝置，不難體會南投全校師生是如何貼心的照料著這位「樹爺爺」。它的意義，並不只是「南投縣珍貴老樹」而已，也是引領學校生根茁壯的中心支柱，是無數畢業校友一生中最溫暖的回憶。

九二一的新南投

　　經歷天災的洗禮，南投國小已在傷痛之後站穩了腳步，老師們則不約而同的展開與社區資源有關的教學課程，第一站，總是要帶著孩子拜訪與學校情誼深厚的藍田書院。校園重建雖然已經告一段落，不過，在更長遠的未來，南投校方將書院和學校在視覺上設計串聯為一體；分隔兩地的文昌路，可以變成一條典雅有氣質的文化小徑——過去、現在和未來，一條更清晰的歷史脈絡便由此浮現。

　　電視上不斷播送著九二一災後重建「你什麼時候要來？」熱情招呼的廣告，看來，這片曾經被造物主狠狠開腸破肚一番的土地，真的已經準備好了！

日治時代南投公學校學藝會上的學生書畫作品展。

1938年南投國小建校四十週年慶時，校園操場上人山人海的盛況。

 校園記事簿

西元1833年　鎮上出現一座美麗的「藍田書院」！
西元1898年　我們有了新的「南投公學校」，不過還是要借隔壁的書院當教室，實在不好意思。
西元1911年　啊！終於搬到寬敞的新家去上課了！
西元1920年　新的大禮堂也蓋好了，很漂亮喔！可是女生都到另一所學校上課，校園裡頓時失色不少。
西元1996年　學校一百歲了，好多人來慶生喲！
西元1999年　地震好可怕！學校的房子都垮掉了，幸好有慈濟幫我們蓋教室，真是感恩哪！

在媽祖地盤放風箏

談到台中的大甲，一般人會想起的，大概就是那座全台知名，終年香煙裊裊的鎮瀾宮媽祖廟，而大甲市街的興起與繁榮也和這座媽祖廟脫不了關係——大甲最早有市街的「新庄」就位在媽祖廟的後方，可說是因其而興起的。在清代早期，台灣地區的閩客紛爭不斷，大甲居民為求自保，還在當地築了石城，這在台灣一般鄉鎮是相當少見的，也因此清末戴潮春之亂時，亂軍攻打大甲時總是屢攻不下；不過，照耆老的說法是「城內的媽祖婆有保佑」。

在大甲地方上，除了鎮瀾宮媽祖廟外，還有其他幾座三級古蹟，大甲文教事業的發祥地「大甲文昌祠」便是其中之一。這座文昌祠是清代由大甲地方士紳捐資興建，當時廟中左右兩廂房設有義塾，讓地方子弟能夠免費讀書。日治時代大甲第一所學校便誕生於此。

西元1898年，「苗栗國語傳習所大甲分教場」創設於大甲文昌祠內，半年後遷出，改名為「大甲公學校」，是現今大甲國小的前身。大甲國小自創建以來曾搬遷兩次，一次是自文昌祠遷出，一次則是自原址遷到現址來。就因為曾經歷多次搬家，所以學校內有關百年校史的遺蹟文物，保存下來的並不多。

△ 大甲國小早年操場上的校園球類競賽。
▽ 日治時代大甲公學校全體教員於首任校長紀念碑前留影。

大甲的天空

大甲國小遷到現址是在1939年，距今已近七十年，許多校舍建築因為年久失修而拆除改建，而今要追尋大甲國小的歷史，就只能靠著老校友們口述歷史了。不知是否大甲人天性使然，此間民眾對於能在天上飛的事物特別感興趣，據老校友回憶，大甲國小在日治時代曾舉辦過「全校放風箏大會」，這是在台灣小學中根本是前所未聞。為了能在大會中拿到第一名，大甲學童個個卯足了勁，設計風箏型式。在當時，這項活動也是地方上的大事呢！此外，在中日戰爭期間，日本政府發動台灣民眾捐錢造飛機，台灣各地幾乎都是一州（縣）認捐一架，大甲卻是一個郡（鎮）就獨自認捐一架，而那架飛機還被命名為「大甲號」，可見大甲人對公眾共事物務的熱中，甚至也可說是大甲人對天空那莫名情感的另一例證吧！

台中漢學書房

　　台中大雅舊稱「壩仔」，早期原為平埔族岸裡社群之阿河巴部落活動的地方，在漢人進入開墾後，以平埔族人原有「阿河巴」之音，命名為「壩仔」，到了日治時代才正式定名為「大雅」。大雅是台中地區發展較早的區域之一，因此文教事業也比週遭其他區域起步早。1898年，大雅就已成立了第一所小學「大雅國小」，當時的名字是「壩雅公學校」，到了戰後才改稱為「大雅國小」。

🔊 大雅校園中的台灣島模型是日治時代所留下。

台灣島嶼圖

　　大雅國小最為地方民眾所熟知的是，校園中有個占地相當廣的台灣模型，圖上除台灣島外，還包括外島的澎湖、綠島和蘭嶼，這座台灣島模型在1923年竣工，也就是日治中葉所建。島上的山脈、河流、平原等自然地形都相當完整清楚，造型製作也非常精美漂亮，從這座模型的製作可以看出，當時校方必然相當重視學生對於台灣地理的認識。現今這座台灣模型圖已成為大雅校園最大的特色，當課堂上教授台灣地理時，這兒可就成為大雅學童們的活教材。

漢學書房春亭巷

　　大雅校園中尚有一個為人津津樂道的傳奇軼聞──日治時代大雅的漢學家張春亭，他是大雅知名的詩人及漢學家。乙未年台灣割日本後，為了保存漢學文化，張春亭任教於當時的壩雅公學校，擔任學校的漢學老師長達十五年，算是大雅國小的開校元老之一，學校最初幾屆的學生名簿還是他親手謄寫的呢！他自公學校退休後仍於自宅開設漢學書房──「守愚齋」，教授大雅地方子弟二十餘年，日治時代大雅文風甚盛，張春亭的耕耘功不可沒。地方百姓在他逝世之後，便把守愚齋附近的道路取名為「春亭巷」，以追念其授業傳道之功。

　　一個小小的學校卻有這樣大大的傳奇，令人不得不對這所百年老校刮目相看。悠悠一世紀以來，這座大雅的小學校為大雅地方培育了許多的人才，也難怪當大雅國小百週年校慶時，大雅人都說這是大雅人共同的大喜事。現今的大雅國小仍是大雅地方上的文化重鎮，學校的絲竹樂隊更是頗富盛名，參加全國比賽，獲獎不斷，還曾在大甲媽祖遶境進香時，受邀於聖座前演奏聖樂，盛受好評。下次到台中遊玩時，別忘了順道到大雅，去走走春亭巷，追憶漢學老師的舊時風範；到大雅校園看那百年的台灣模型，並欣賞一下動人的絲竹樂聲。

台灣中心的奇蹟

　　台灣的地理中心——南投埔里，是個群山環繞的盆地，周遭林木蒼鬱，山明水秀，自然景觀優美。由於這裡的氣候冬暖夏涼，加上水質甘美，所以物產豐碩；在清代，漢人極早就入山開發埔里盆地。日治時代，為了內山的理蕃事務，日人占領台灣的第二年，就在埔里設置辦事處並成立新式教育機構，於是埔里最早的學校——埔里國小，就這樣誕生了。

新奇誕生地

　　埔里國小是南投境內歷史最悠久的三所老學校之一，它的前身是1897年成立的「埔里社國語傳習所」，這也是日治時代台灣內山較早設立的教育機構之一。由於沒有校地，教室便直接設置在「埔里社辦務署」（現在的鎮公所）內，這在當時是個特例，因為日本人在設立國語傳習所時，大多將之設於廟中或地方書院內，像埔里這樣設在機關單位中的情況，真是少之又少。

　　走進埔里國小，會看見一座狀似嶄新的圖書館，十分典雅美觀，不過，別被它的外表給騙了，其實它一點也不新，是座建於1937年的老古董了。今日的圖書館其實是昔日的學校禮堂，占地兩百坪，是埔里地區少見的堂皇建築，更是地方上最大的室內集會場所。戰後，禮堂仍一直維持原樣，直到九二一地震時，嚴重受創而成為一幢危樓。當時埔里國小校園裡所有建築，都因為地震被列為危險建築。重建校園之後，學校有了新的禮堂，這間歷史久遠的老禮堂也就正式功成身退，經重新整修後，搖身一變成為學校的圖書館了。

埔里國小的劍道部師生。

　　另外，值得一提的是，當九二一地震發生時，埔里國小全部校舍建築幾近全倒，只有至聖先師孔子像，以及校園中的百年茄冬樹屹立不搖。百年茄冬震不倒，著實令人慶幸，但孔子像不倒，更讓當地人嘖嘖稱奇。當地人解釋說，也許是教育是件百年樹人的事業，上天不願讓其如此輕易倒下吧！這樣的奇蹟，使得埔里人更加珍惜埔里國小這座具有百年歲月的黌宮。

整修後的埔里老禮堂，已成為學校的圖書館。

高山青 火車行

日治時代日本政府在做台灣林野調查時，發現台灣的玉山竟比日本第一高峰富士山更高，於是稱玉山為「新高山」，並在南投的集集、魚池、水里一帶，設置新高郡，集集同時成為郡役場（類似今鎮公所）的所在地。在當時凡只要是郡役所在地，都會設立一所專供日本人就讀的小學校，和一所台人就讀的公學校。那時的集集小學校所在地便是現今國光客運集集站，而集集公學校則是現在的集集國小，同時也是集集鎮上的中心學校。

△ 1915年集集公學校的師生畢業照。

明新書院

集集國小的前身「集集公學校」，創立於1898年，最初是設在南投三大書院的「明新書院」裡。在清領時代的集集地方上，因文風鼎盛，街肆繁榮，於是地方人士倡議設書院。西元1882年，明新書院便於當時的柴橋頭庄設立。三年後，地方籌募款項，將它遷建到集集街內，因此集集公學校創立時，便選擇寄居於此。及至1902年，明新書院又再度遷回柴橋頭庄現址，並改稱為「崇德堂」。戰後，集集國小的分校永昌國小，其成立初期也是在明新書院內上課，所以，明新書院稱得上是集集地區的文教中心。雖然明新書院是國家三級古蹟，但是九二一大震差點讓它成為廢墟，故目前已難見其舊日風采。

被震碎的回憶

戰後有一段時期，集集國小校內有軍隊駐守，學校兼為部隊營區，是當時十分獨特的景況。當時學生和軍人打成一片，學生上課時，部隊借用操場做軍事操練，到了下課時分，孩子們喜歡在營區裡向阿兵哥要饅頭、乾糧當零食。那時，校園南邊還挖築了供部隊使用的防空戰壕，平時是集集學子們最佳的捉迷藏處所。對許多校友而言，那段與阿哥同校的日子，煞是有趣，只不過歷經一場九二一地震之後，舊有的校園景物全數震毀，兒時的記憶也跟消散在瓦礫中，校友們想來不禁十分感傷。

火燒庄裡藏古董

　　西元2003年5月，位於彰化埔鹽鄉的好修國小正好年滿百歲，校方為這所百年老校熱熱鬧鬧的舉辦了一場慶生會，給當地人留下了一段極為難忘的回憶。在台灣史上，好修國小並非最古老的小學，也不是有名的大學校，但經由百歲壽誕的慶祝活動，卻吸引了不少人的注意，因為籌備此次盛大校慶而廣徵老文物時，竟意外的從校友手中，募得了不少珍貴的古董教科書，令人目光一亮。

⬆ 好修國小是彰化縣境內的眾多百年老校之一。

從火燒庄到好修村

　　好修國小位於好修村——原名「火燒庄」，這名字還有個典故，因為鄰村「瓦磘村」早年設磚瓦工廠多處，每當季風強烈颳來，磚窯裡冒出的火煙，常會吹到村中引起火災，因此被稱作「火燒庄」。好修國小創校之初，眾人因覺「火燒」二字，不僅字義不雅也不吉利，於是選擇與「火燒」二字念起來相近的「好修」為校名；自從校名命名為「好修」後，村落亦跟著改為「好修村」。「好修」校名典雅，更代表著當地人文地理的縮影，其意義之深遠，自然不言而喻。

　　好修國小創設於1904年，在尚未創校之前，村裡的孩子們如果想要上學，就必須前往鄰近的溪湖公學校或鹿港公學校，但是路途遙遠、交通不便，甚是辛苦。當時地方上警察派出所的日籍警員菱川孫太郎，由於在好修當地服務多年，與地方百姓感情深厚，亦對地方孩子求學的艱困感同身受，於是便和地方士紳一同籌募建校經費，並且親擬設校申請書向上級請願，是好修能夠建校的一大功臣。在日治時代，一位日籍警員竟願為台灣孩子的教育，耗費心力辛苦奔走，實不多見。因此，菱川警員的功績乃成為好修地方上的一段佳話。

老宿舍變身

　　好修國小操場旁的某處角落，有一棟黑瓦斜頂的紅色磚房，這是該校早年的教師宿舍，原已廢棄多年，平日只當作倉庫使用，堆放雜物和老舊的課桌椅。後來，因為教師宿舍外觀十分古樸，將之閒置實為可惜，校方於是決定將宿舍改裝成「藝文館」，在好修國小九十九週年校慶時，正式啟用，當時還邀請彰化縣內的藝文工作者擔任駐校藝術家，定期在好修藝文館舉辦展覽，成為好修學童開展藝文教育的最佳場所。好修藝文館成立後，深獲各界好評，也帶動地方的文化成長，昔日老宿舍，今日的文化殿堂，好修國小的用心，讓人看到文化藝術的不朽精神。

骨氣比天高

只要提起彰化永靖，人們第一個想到的，大概便是永靖的花壇園藝風光，卻很少有人知道，在永靖有個名列台灣十大古宅的「餘三館」。餘三館是永靖地方望族陳氏的宅第，取名「餘三館」，具有「蔭澤世代子孫多福、多壽、多子孫」之意，其造型典雅，融合了閩南、客家傳統建築的特色，在日軍登陸台灣時，曾為日軍元帥北白川宮能久親王留宿之所，現為國家三級古蹟，位於其旁的就是永靖鄉最早的小學——永靖國小。

● 五〇年代永靖校園的民主投票實習。

女教師與通譯官

永靖國小與「鄰居」餘三館陳家，淵源極為深厚。日治時代，永靖能夠設校，皆賴地方士紳魏尚瑩和餘三館陳汝甘等人極力奔走，才能順利成立「永靖公學校」。由於是在草創階段，學校規模不大，僅是於永靖三山國王廟邊的空地上，搭了二間竹造的臨時教室，校長加教師也只有三人，相當的克難。直到建校五年後，教職人員及學生數都大幅成長，才遷校至現址，永久與餘三館做鄰居。而陳家子弟大多在此就讀，後來有的還成為學校的教師，其中最著名的便是前永靖鄉長夫人陳林翠娥老師，她雖在永靖僅任教一年，卻在校園內留下一段膾炙人口的軼事。

當時正值日治時代，有一天，日人督學到永靖視察，學校要求全校師生到校外列隊歡迎，唯獨林老師堅持不願中斷課程的進行，即使督學到教室巡視，仍繼續上課。隔日，被地方報紙批為「傲慢的女教師」，但林老師僅以「問心無愧」四字回應，贏得地方人士無限敬意。

● 六〇年代永靖國小運動會上的體操表演。

永靖校史上除了林老師的故事之外，還有一位張傳詩校友，其事蹟在永靖地方上也相當知名。這位張先生是永靖第二十屆校友，畢業於1924年，他在日治時代曾被總督府派往滿州，成為日本駐當地的通譯官，也就是翻譯官一職，並且還曾獲日本政府頒狀授勳，表彰其功，此事現仍為在地人所津津樂道。

溪逕湖光共璀璨

在台灣，只要是在日治時代成立的國小，校園泰半都留有當時所修建的校舍，其中最常見的是日式宿舍、老校門、老禮堂等等。只是經歷長久的歲月洗禮和一些人為因素，這些珍貴的文化遺產隨著時間流逝，正不斷毀壞和消失之中。不過，也有許多保存良好得以倖免的例外，彰化溪湖國小便是一例。對該校師生來說，最令他們自豪的，便是校園裡那日治時代的舊禮堂和老校門，直到今天，都一直保持在最佳狀態。

溪湖國小收藏的日治皮尺。

書冊疊砌老校門

溪湖國小並非彰化地區第一批成立的老學校，不過也是彰化眾多百年小學之一。踏進溪湖校園的第一個感想，就會被它的校門深深吸引著，因為溪湖這座老校門建於1930年，至今已有七十餘年歷史，它的造型和其他小學所保留老校門有很大的差異。一般的日治時代的校門大多是細直的日式柱狀校門，溪湖同樣也是柱狀校門，但形體厚實穩重，洗石子的外觀，故意劃上橫豎不等的刻紋，仿作磚石堆疊，又似書冊疊砌，頗具一番風味。

當然溪湖校內最美麗的風景，還不止於此。那矗立在操場旁，建於1938年的老禮堂，亦頗為可觀。大凡日治時代的學校大禮堂，不是華麗的歐式紅磚造型，便是樸素的洗石子所造，溪湖國小的老禮堂正屬於後者。溪湖的老禮堂並不像其他百年老校的禮堂那般，具有許多誇張裝飾，它的線條極為簡單，初看似並不起眼，卻多了幾分平實無華的韻味。由於年代久遠，禮堂內部裝潢已破損多處，目前校方已申請經費，加以維修，希望這座校園歷史建築能恢復昔日的光彩。

溪湖國小的日治老禮堂有六十餘載的歲數。

石獅子的風霜

ⓘ 和美國小日治時代第八任校長川村秀三的塑像。

位於彰化和美的國家二級古蹟——道東書院，是台灣中部相當知名的書院建築，其難能可貴之處，在於它還留存有清代書院的原貌，因此在台灣清代教育史上占有極重要的地位。和美地方上都雅稱其為「文廟」，這地區所有重要的學校幾乎都和它有些許淵源。道東書院與和美中學比鄰而建，後者在創校之初，便曾借用書院的廂房暫時充作教室，而和美地區第一所新式教育機構——和美國小，也是誕生在這裡。

日本風的石獅

出生在書院內的和美國小，年紀已過百歲，由於一世紀以來歷經校舍的不斷改建，可供世人憑弔學校歷史的景物今多已不見。目前唯一還陪著和美人走過百年滄桑的，是一對日治時代留下來的石獅子。

在日治時代，和美國小校內建有一座校內神社，每天早晚，全校師生都必須到神社前參拜行禮。神社前有一對校友捐獻的石獅子，這對獅子的造型和傳統中國廟前的石獅非常不同，線條較為簡單，模樣古樸可愛，深具日本風味。戰後，神社遭到拆除，這對石獅則因為校友及地方人士亟力請命，得以留存至今，作為和美國小百年校史變遷的最佳見證。

阿兵哥與蓮霧樹

到了國民政府遷台初期，由於數十萬軍隊撤退到台灣，原有的軍事基地一時無法容納這麼多的軍人，有時，學校教室就被拿來充當軍營，當時，就有一個部隊進駐和美校區，教室內的琅琅書聲和室外阿兵哥「殺！殺！」操兵嘶吼，一柔一剛，相映成趣。日子一久，學童們和阿兵哥打成一片。部隊中嚴謹執行著「保密防諜」政策，卻不防這些和美學童，還容許他們在軍隊的營區進出自如。

除了與阿兵哥同校的趣聞外，前庭花園水池邊的老蓮霧樹，也是和美校友的美麗回憶。初夏時分，樹上結實纍纍，好似串串粉紅色的小鈴鐺掛在樹梢，只要微風吹過，彷彿就能聽到樹上傳來叮叮噹噹的聲響。然而時光荏苒、容顏漸老，阿兵哥與蓮霧樹早已消逝在校園裡，但這一切將永存和美人的胸臆，不會散去。

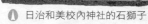

ⓘ 日治和美校內神社的石獅子。

冬藏

【南台灣】

百餘年前某個冬季　琉球漁民誤闖台灣南海

恆春牡丹社紛爭起　誰知它已啼叫下一世代的聲音

廿一世紀的南台灣　冬日暖陽依舊拂照

風雨紛擾已無影蹤　只有府城、船港和老地方傳奇

當然也有在地人淳厚的身影

就跟這裡的小學風貌

一樣有味道

玉山巍巍 八掌清溪

整個嘉義從這大門　出去　回來
火車滿載著義　進進出出
文藝政治百貨和夢也從這裡　進出
當年建造車站的辛酸　都已搭火車遠去
日本人及日治時代　都已返回東瀛　只留下無法回去的車站
　　　　　——嘉義詩人　渡也〈嘉義速記‧火車驛〉

① 崇文國小在「嘉義一公」時期的校門。

② 1898年創校的義公學校，是嘉義第一所新式初等教育機構。

嘉義詩人渡也筆下的嘉義車站，已有七十餘年的歷史，是台灣鐵路少數僅存的古早車站建築，只是，進出這裡的人們很少會佇足欣賞它的美。依著川流不息的人潮，我們步出這座古樸的車站，造訪嘉義古城。

嘉義市古名「諸羅山」，是以在此居住的平埔族諸羅山社定名。在過去，諸羅山是大陸移民台灣的據點之一，早在明朝天啟年間，海盜顏思齊便率部眾到此地開墾拓荒，逐漸形成台灣南部的重要聚落。清代林爽文之變時，因為諸羅城內人民協助清軍有功，清高宗乃本「嘉其死守城池之忠義」之旨，下詔易稱「諸羅」為「嘉義」，從此成為縣治地名。

到了日治時代，因為西元1906年的嘉義大地震，嘉義城垣全毀，當局乃趁機制定都市計畫展開重建。重建後的嘉義城，成為當時台灣全島最現代化的街市，緊接著工商業及交通開始發展，此地成為嘉義地區的政治文教中心。

🅐 陳澄波和妻兒於台南孔廟遊覽時留影。
🅑 陳澄波生前常至郊外踏青寫生。
🅒 個性熱情開朗的陳澄波才華洋溢，被後世尊為「台灣西畫第一人」。

陳澄波的童年往事

　　這個城市中歷史最悠久的學校，是原名「嘉義公學校」的崇文國小，其創設於1898年，初期是暫借嘉義三山國王廟的廂房上課，直到1920年才遷移至現址。不管是在日治或戰後，此校一直是嘉義的名校，許多嘉義地區的政商名流、藝文人士皆出於此校──日治時代台灣西畫的第一把交椅陳澄波先生便是一例。

　　1907年，十三歲的陳澄波進入業已改稱「嘉義第一公學校」的崇文就讀。雖然在當時十三歲的入學年齡並不算大，班上年長的同學比比皆是，可陳澄波天生活潑好動，馬上就成為班上的孩子王，時常帶著同學惡作劇，是個令導師古川先生頭痛不已的頑皮學生。老師不只一次對陳澄波口出重語：「像你這麼調皮，畢業後如果考得上中學，除非太陽從西邊出來！」古川老師大概不曾料到，這位調皮搗蛋的學生居然順利考上台北國語學校師範科，而且在1917年回到母校擔任老師，甚至在任教期間因為教學認真、表現優異，數次領取當局的嘉勉獎金呢！

　　古川老師也曾多次勸誡常常吵架的男女學生說：「您們現在只知道一見面就吵鬧生事，將來說不定誰討了誰當老婆，到時候就有得吵了！」言猶在耳，陳澄波便在走廊上不小心用雨傘撞破了女同學張捷的頭；為了這場意外，張捷的父親從此不讓寶貝女兒上學，寧可她在家裡幫忙家事、女紅。只是沒想到多年後，陳澄波竟在祖母做主之下，與張捷結為終身伴侶。緣分真是一件奇妙的事，古川老師的話居然一語成讖！

　　陳澄波回母校任教三年後，便轉調至水上柳林國小，並於1924年遠赴東京的美術學校

深造，日後以畫作〈嘉義街外〉首次入選日本第七屆「帝展」，為台灣第一人。陳澄波返台後活躍台灣藝壇，為淡水、嘉義等地之風景留下不朽的圖像。

就在陳澄波赴笈日本的期間，嘉義第一公學校又再一次更名為「玉川公學校」，其中，「玉」指的是玉山，「川」則指流經嘉義的八掌溪，這樣依著嘉義著名自然景觀所定出的校名，既有意義也極富詩情。之後又經過一連串的更名，直到二次大戰後，校名才有「崇文」二字的出現。1982年，原屬嘉義縣的嘉義市改制成功，因而「嘉義縣嘉義市崇文國民小學」也正式定為「嘉義市崇文國民小學。」

日治時代擴音台

現今的崇文校園已歷經多次改建，新穎現代化的校舍建築，讓人看不出它的實際年齡，但只要你逛得夠仔細，就會發現有些刻滿歲月痕跡的古蹟，仍靜靜的躲在校園的某個角落裡，等待人們去發覺。例如現在操場司令台後方的老式擴音台，就仍保存著舊時的樣貌。

這座老式的擴音台，顧名思義，在日治時代是用於校內進行廣播，使其音量擴及校園四周，是於何年建造目前已無法考證，粗略估計也應該有七、八十載的歲月，在當時校園中有這樣的設備並不常見，目前全台灣校園中也僅存此座。

在太陽下，具有強烈幾何圖樣的擴音台，從遠處看去很容易被其反射光影所產生的立體效果吸引。然而走近一

🔺 被選入「台灣百大歷史建築」的崇文日治擴音台，其細部裝飾相當美觀，藝術氣息濃厚。

🖊 陳澄波的油彩自畫像。

看，手工細緻的洗石子飾面，造型繁複華麗，變化豐富；在擴音口上方的花樣有如一本翻開的樂譜，而下方的豎琴雕花及排成直線的口字形雕塑，好似聲音正源源不絕的播放著，如此細緻的設計有巴洛克藝術的誇飾風格，也有古典羅馬文化樣式的浮雕，是一般少見的華麗造型。

像崇文國小校內一樣的擴音台，全台尚有三處，分別位於台北二二八公園、台中市台中公園，以及宜蘭縣羅東公園。這幾座擴音台的作用都是在日治時代做為廣播電台放送節目之用，造型多為樸實典雅，類似日式庭園石燈的樣式。相較之下，崇文校園的這座擴音台只作為學校使用，是全台校園中唯一、同時也是造型最美麗的一座。目前這座全台獨一無二的校園擴音台，已名列文建會台灣百大歷史建築物之一。

歷史江河人事物

只要一走進崇文國小的校園大門，便會看到一座「開校三十週年紀念鐘塔」，這是崇文校園中除了擴音台之外，另一項重要的校史建築。1928年，當時稱為「嘉義第一公學校」的崇文國小建校屆滿三十週年，校方擴大舉行校慶活動，並在校園中建造一座鐘塔和「故恩師之碑」。

這座「開校三十週年紀念鐘塔」是由蔡天助先生所設計的，整座鐘塔的質材為白色洗石子，頂端為一座八角亭的設計，造型相當的古樸簡單。日治時代其上所嵌的時鐘是發條式的，所以每過一段時間，總要派人上去轉一轉發條，雖有些麻煩，但對時間

◐ 崇文國小建校三十週年紀念鐘塔，與設計者蔡天助先生。
◑ 崇文建校三十週年紀念鐘塔的現今樣貌。

 1942年崇文學子於校內泳池畔合影。
⊳ 「故恩師之碑」於日治時代的原貌。
▽ 1941年玉川國民學校時期的升旗典禮。

的尊重和謹慎卻饒富趣味。戰後，發條時鐘因年久失修，已換成一般常見的時鐘，鐘塔連帶的失去了些許古意。

反觀「故恩師之碑」就沒那麼幸運了。這座碑的設立，乃是為了紀念學校在職身故的教職員們，並且趁此教導學子們尊師重道，因立意如此，在戰後初期一片掃除日本文化陰影的行動中，這碑逃過了被拆除的命運，可惜的是後來仍因校園整修工程的考量，不得不將這深具歷史價值的石碑拆毀，使後人無緣得見。

其實，後人無緣得見的，又何止是崇文的恩師碑而已。崇文的傑出校友陳澄波雖被喻為「台灣西畫第一人」，但在二二八事件中，卻以叛亂犯之名，在嘉義車站前被軍隊槍殺，連帶使其畫作難見天日。幸好人間陰霾終會散盡，史料文物一二殘存，崇文校方用心的搬遷播音台，無非是希望在校舍整建之餘，能完好保存這座校園史蹟，而二二八事件發生數十年後，政府與人民給了受難者遲來的正義，嘉義公園也於2001年起永久展出陳澄波九幅複製畫作，於是，我們終於了解有些事物，是不會被歷史洪流給埋沒。

校園事件簿

西元1898年　崇文國小出生了，乳名叫作「嘉義公學校」。
西元1917年　陳澄波學長回學校當我們的美術老師，他後來成為非常有名的畫家。
西元1932年　學校改名叫「玉川」，這是崇文校史上最美麗的名字了！
西元1945年　這一年日本人都走了，所以把「玉川」改成「崇文」，也很好聽喔！
西元1980年　聽力不好的人也能來讀書，因為我們加設啟聰班了。
西元1999年　崇文一百歲，吃蛋糕囉！
西元2001年　嘉義公園複製了九幅陳澄波學長的畫作，規劃成「陳澄波畫架區」讓大家欣賞。

斗六門之光

> 柴裡社，斗六門。古早時，青滾滾。
> 番仔庄，歸大墩。明鄭後，漢祖先，來打門。
> 吳英公，開大崙。林克明，入梅林，來開墾。
> 子孫孫，年年春。
>
> ——斗六台語詩人　林沈默〈斗六地方唸謠〉

2003年盛夏，斗六環保運動公園周邊，一片旗海飄揚，遒勁的「薪傳」二字隨風起舞，在闊別十餘年之後，享譽國際、走遍全球的「雲門舞集」，又再次造訪小鎮。

ㄅㄨㄧㄅㄨㄧㄇㄣ

位於雲林縣東隅的斗六市，遠在荷據時代，便有平埔洪雅族人在此聚集。以狩獵為生的原住民，一旦捕獲豐富的山豬、野鹿等獵物，便欣喜的發出「ㄅㄨㄧㄅㄨㄧㄇㄣ」的歡呼聲，他們居住的這片土地，因此被稱為「斗六門」。至於漢人的進駐，據稱最早是在明鄭時代，鄭成功的部

🔊 日治時代斗六公學校的校園實習農場一景。

將林杞曾經率眾進入此地開墾，但是遭到原住民殺害，鎩羽而歸。乾隆初年，泉州人楊仲喜召集同鄉前來斗六開店經商，這裡才日趨興盛繁榮。西元1885年，台灣設省，雲林縣代理知縣陳世烈於同時籌建斗六城。八年後，縣治由南投竹山移至斗六，為這個平原城市的發展打下堅實基礎。

十九世紀末，隨著日本殖民體制的進駐，現代化的浪潮向台灣直撲而

來。1896年，日人治台未久，為貫徹其統治方針，擇定全台十四個據點成立「國語傳習所」；原本位於北港的「雲林國語傳習所」在次年搬到斗六，不久便更名叫做「斗六公學校」，是為雲林地區現代教育的濫觴。

- 鎮西在「斗六公學校」時期的校徽，是以六個「斗」字組成。
- 1929年斗六公學校師生畢業合照。
- 1927年參加斗六郡聯合運動會接力賽的優勝選手們。

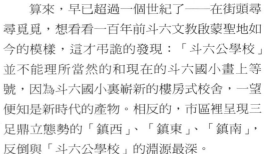

偏遠小學之母

算來，早已超過一個世紀了——在街頭尋尋覓覓，想看看一百年前斗六文教啟蒙聖地如今的模樣，這才弔詭的發現：「斗六公學校」並不能理所當然的和現在的斗六國小畫上等號，因為斗六國小裏嶄新的樓房式校舍，一望便知是新時代的產物。相反的，市區裡呈現三足鼎立態勢的「鎮西」、「鎮東」、「鎮南」，反倒與「斗六公學校」的淵源最深。

原本是清一色「和尚面孔」的斗六公學

校，在1905年增設了唯一的女生班，但是由於當時女子就學風氣不盛，因此成效不彰。經過將近二十年民智漸開的琢磨，1923年，順應時勢所趨，這裡誕生了第一所專門招收女生的「斗六女子公學校」，「斗六公學校」的女學生隨之全數轉校就讀。戰後，為了有所區隔，便以地緣關係為命名原則，位置偏東的女子公學校成了「鎮東國小」，斗六公學校的「嫡傳子」即為相對的「鎮西國小」。

百年來扛著「重點學校」的大旗，日治時代的斗六公學校，是許多偏遠地方分校的始祖，但是戰後的鎮西國小，卻面臨著資源不足的困窘——四、五〇年代的嬰兒潮，使得在

籍學童人數暴增，五十個班級只有二十五間老舊的木造教室、六間竹造教室以及一座年久失修的大禮堂，做為上課遊憩的活動場所。原本已經不敷使用的空

⊙ 俯瞰鎮西校園全景。
⊙ 1927年斗六公學校師生到日本神社參拜，於石階前合影。

間，還得出借部分校舍作為軍醫院的落腳處，使其處境更是雪上加霜，唯一的解決方法是實施上、下午「二部教學」。後來，終因校方不堪負荷，陸續成立鎮南、保長、公誠等分校，才稍稍紓解人滿為患之苦。

　　走筆至此，「鎮西」、「鎮東」和「鎮南」錯綜複雜的曖昧糾纏已經得到釐清，此行的目的地也有了明晰的輪廓，於是，我們在校園中悠閒晃蕩。

泳池、禮堂、公字梯

　　屹立在校園中庭、樹形挺拔的老茄苳，是鎮西國小最著名的正字標記，幾十年送往迎來，護持無數孩子走過童稚的小學生涯。除此之外，在許多校友的記憶裡，唯一能與茄苳樹相提並論的，或許就是那棟老禮堂了。

響譽國際——雲門舞集

1973年春，林懷民以「雲門」為名，成立台灣第一個職業舞團，也是所有華語社會的第一個當代舞團。1999年，成立子團「雲門舞集2」。三十寒暑，雲門舞集推出一百五十多齣舞蹈作品，內容涵蓋古典文學、台灣歷史、社會現象以及前衛觀念的嘗試等等。在台灣，雲門從國家劇院，走向各縣市文化中心、體育館和學校禮堂。雲門在台灣及全球各地舞台上呈現一千多場公演，獲得各國觀眾及舞評家熱烈好評。法蘭克福匯報評為「世界一流現代舞團」，倫敦泰晤士報稱它是「亞洲第一當代舞團」，中時晚報視之為「當代台灣最重要的活文化財」。

1935年落成啟用的大禮堂，雖然已至耄耋之年，卻依舊是老當益壯，擁有十分堅固的主體結構。乍看之下，它的樣式並不特別，與一般常見的日治時代校舍有些差距，但是如果細細品味，仍可從其中呼吸到一股淡雅的樸實韻味——圓拱造型的氣窗，寬敞的講台，豐富且多元的建築語彙，純粹而不單調。為顧及實用性，歷年來校方曾就禮堂內部陳設進行數次整建，而為了完整呈現古蹟校舍的原貌，對其外觀則是十分小心翼翼的加以維護，沒有絲毫變更，可說是校園古蹟保存的良好示範。

- ◯ 鎮西的主體校舍興建於六〇年代；其建築型式是當時相當常見的水泥房舍。
- ◯ 建於1935年的鎮西老禮堂，已度過七十個寒暑，雖然外觀看不出年歲，但仍可從細部窺見日式韻味。
- ◯ 頗富巧思的「公」字樓梯。

相較之下，主體校舍就顯得年輕多了。以灰、藍、白為主色調的兩層式樓房，如實的反映出早年的校園風格：格局方正、黑灰色屋瓦、波浪形棚頂……。建蓋校舍的六〇年代，正好也是鐵窗、鐵欄杆進駐校園的時期，水泥牆面搭配金屬窗櫺、欄杆扶手，讓許多小學變得有如監獄一般，充塞冷冽的氣氛。不過，在鎮西國小，卻完全不是這麼一回事，向來被認為最枯燥無味的建築形式，透過處處可見的創意，為平淡的校園增添不少趣味——走過圓形的穿堂門扉，隱身其後的「公」字樓梯是一大特色，這種造型特殊、富有巧思的設計，在小學校園中並不容易見到。這所頗富人情味的學校，很細膩的站在孩子的審美角度，為樓梯點綴了葡萄藤蔓的欄杆，使得向來以實用機能為主的樓梯間，多了一些生氣與美感。

校園百寶箱——火防時鐘

除了校園建築非常有味道外，鎮西國小校史室還保存了為數不少的老照片、沿革誌、畢業紀念冊，以及一些古早時代的舊課本。在眾多文物中，最特別的是一個紀念東京大地震的陶瓷「火防時鐘」——西元1923年9月1日凌晨，日本關東地區發生規模7.9級的大地震，慘重的災情幾乎毀掉了半個東京，死傷數十萬人，是日本歷史上相當嚴重的一場天災，影響甚鉅。火防時鐘的指針停留在地震發生的凌晨十二點零四分，提醒著人們天災的可怕。

走到校園後方，不太起眼的蓄水池，上頭還有為了避免學童不慎掉落而架設的網子，很難想像，它原本其實是頗能象徵鎮西國小地位顯赫，甚至可能是「斗六第一」的游泳池。1942年，太平洋戰爭正如火如荼的進行著，全島物資匱乏，當時已經改名為「斗六西國民學校」的鎮西國小學童，卻能優游徜徉在自由清涼的水世界裡，不知羨煞多少外校的孩子，也可見日本人對於游泳這項體育活動的重視。此等高規格的禮遇，讓我們終於意識到鎮西國小，身為地方上的中心學校所具有的份量。

● 1942年落成的鎮西游泳池，曾是斗六地區第一座校內泳池；現今已成為學校的蓄水池。

薪傳啟蒙地

走出灰樸樸的校園，「薪傳」的旗海再度迎面而來，風聲颯颯，在在提醒著：雲門創辦人──林懷民也曾經往返出入於這所學校呢！在升學考試凌駕一切的五〇年代，每天一大早，他坐上縣長父親林金生的腳踏車，趕赴校內的「惡性補習」，是當地耆老腦海中永恆的晨曦剪影。1957年，林懷民從鎮西國小畢業；在將近半世紀之後，雲門舞集選擇以〈薪傳〉作為走過三十寒暑的註腳，於是，這位台灣舞蹈界的巨擘，又回到了這裡──他口中的「藝術啟蒙地」，斗六。

校園記事簿

西元1897年	本來在北港的國語傳習所搬到斗六來了，而且順便改了個名字，變成「斗六公學校」。
西元1923年	街上多了一所女子公學校，隔壁班的女生都轉走了。
西元1935年	學校的大禮堂蓋好囉！
西元1942年	雖然沒得吃、沒得用，但是我們卻有一座「斗六第一」的游泳池。
西元1947年	我們變成「鎮西國民學校」，那所尼姑學校變成了「鎮東國民學校」，真有趣！
西元1957年	林懷民學長今年小學畢業，他不但成績好，還創辦了全台灣最棒的當代舞團「雲門舞集」喔！
西元2003年	雲門舞集30歲了，特地來到斗六運動公園演出代表作〈薪傳〉。林懷民學長說，斗六是他的「藝術啟蒙地」耶！

西螺七崁故事多

微風嬝嬝水潺潺，露冷星稀月一灣，徹夜不眠垂釣客，一簑煙雨賦清閒。

——日治西螺聞人　廖重光〈夜釣〉

（注：此詩描寫於濁水溪夜釣之景。）

　　現代人一想起雲林的西螺，首先便想到台灣最富盛名的果菜批發市場就在這裡；如果信步走在橫跨雲林、彰化縣界的西螺大橋上，望著下方濁水溪湍急流去的溪水，可能還會令人想起，在西元1978年中沙大橋完工之前，西螺小鎮裡的這座橋樑還曾經號稱是「遠東第一大橋」呢！要是將時間再往前推，大家肯定會想起清朝時，西螺七崁的傳奇故事。

　　西元1701年，廖純善從漳州來到二崙鄉開墾，隨後來台的族人則分別定居在西螺、二崙與崙背一帶，各自以人口數和經濟考量，區劃為七個聚落，即稱為「七崁」。在地方治安不佳的情形下，他們文武兼備、自立自強，扛起保家衛鄉的重責。經過七個聚落的長期努力，西螺發展成為具規模的村莊，並以濁水溪為界，溪北為東螺；溪南為西螺（又稱螺陽），也就是現在的西螺鎮了。

🔴 文昌國小在日治時代的戶外教室。
🔵 建於1953年的西螺大橋曾是遠東第一長橋。
🟣 西螺延平老街保存了許多巴洛克式牌樓。

校舍三遷記

　　這樣一個充滿傳奇的地方，自然也有個與眾不同的百年老校吧！的確，在百多年前，日本當局為了實施殖民教育，1900年在西螺創立了「西螺公學校」，也就是今日西螺鎮的中心小學——文昌國小。

創立的隔年，學校利用媽祖宮舉行開學典禮，廟內成了上課地點。當時不只寺廟熱情幫助，連當地社團組織也對子弟教育深表支持，各個社團捐獻經費，作為學校的教育基金；其中「修文社」更在媽祖宮無法容納愈來愈多的學生時，慨然出借場地供學校上課之用。不過，西螺公學校在建校初期，一直處在不斷遷校的情況，遷了三次之後，終於在1920年，才移至現在的校舍。做為一個地區的中心學校，文昌這種不停搬遷的情況是相當特殊的現象，也因為如此，現今文昌校內所能保存的校史文物並不多。

文昌國小的誕生地——西螺媽祖廟福興宮。

日治時西螺公學校校外教學，至台北總督府圖書館參觀。

在文昌校史上還有一個有趣的現象，在1927年之前，西螺公學校都是男女共學制，那年，因為西螺鎮上另外成立一所「西螺女子公學校」，女學生全部轉學到那所學校就讀，原本男女共校的「西螺公學校」也改名為「西螺男子公學校」。只是過了十四年，也就是1941年，因台灣總督府發布第三次〈台灣教育令〉，改變台灣初等教育制度，依照日本內地的〈國民學校令〉行事，所以隔年學校又恢復男女共校的情形，「男子」公學校只好再度改名，成為「西螺西國民學校」，繞了一大圈又恢復原有的狀況，很有意思吧！

老夫子的漢文心

西螺地區在台灣史上有著許多膾炙人口的歷史傳奇，文昌國小又是西螺地區最早的學校，自然也有一些名士軼聞，例如早期的台獨異議份子廖文毅、廖文奎兄弟，便是此校畢業的校友。不過，最著名也是最為西螺地方耆老津津樂道的，還是文昌校史上第一位台籍「訓導」——劉煥文老師的事蹟。

劉煥文老師於1904年進入西螺公學校服務，在文昌一待便是三十二年，算得上是文昌

表彰狀

劉煥文君

我國教育界二對シ功勞
特二顯著ナリ茲二本會
創立五十週年記念式ヲ
擧クルニ際シ功勞賞ヲ
贈呈シ以テ之ヲ表彰ス

昭和八年十一月十一日

帝國教育會長正位勳二等鎌田榮吉

第壹四○號

🍂 劉煥文老師於西
元1933年獲勳
時的表揚狀。

🍂 日治時代螺陽傳
奇人物——劉煥
文老師。

🍂 日本帝國教育會頒
給劉煥文老師的教育
勳章。

國小的台籍開朝元老。在日治時代,因為日本政府在台灣積極推行同化教育,除了學校一律以日語實施國民教育外,也嚴格禁止台人學漢文、寫漢字。當時劉老師在學校中依照規定用日語教學,但課餘時間卻私下設置學堂教導鄉民學習漢文、漢字,相當受到在地百姓尊敬,稱他為「漢文(煥文)先生」。劉老師這「明教日語,暗授漢文」的行為讓人不禁為他捏一把冷汗,但是由於他在學校教學態度認真,甚至在1933年,日本帝國教育會還特別頒發表彰狀,表揚他對「日本帝國」教育有功,當時全台灣只有六位教師獲此殊榮。為人師表,心懷台灣情,這樣的「陽奉陰違」暗中推動漢文教育的民族行為,竟然還能獲得不知情的日本政府頒獎表揚,實在是皇民教育中的一大諷刺,也傳為當地的笑談。目前劉老師的後代仍保存著這張帝國教育會頒發的表彰狀及勳章。

愛心無國界

在老校友的回憶中,日治時代學校台籍、日籍教師各占一半,大家都有崇高的人格修養和敬業精神。台籍的教師對學生較寬容,日本老師則較富使命感,教學態度嚴格。文昌國小的校史上,除了台籍的劉煥文老師受地方人士尊崇外,其實也有許多日籍老師令老校友們懷念。

一年,大雨造成濁水溪氾濫,部分學童早已放學,家長卻久候未歸,學童們可能落水的消息不脛而走。日籍教師吉本吉明一聽到消息,立刻抓起繩索,帶著高等科的學生,沿著堤防搜索救人。這種愛護學子,不分國籍的行為,在當時的台灣人心中,留下了深刻印象,也讓校友們深為感佩。

陰陽樹下憶當年

讀完了文昌校史上的傳奇故事,也來看看它的校園景色吧!文昌國小的校園中,有一

棵非常奇特的榕樹，全校師生皆稱它為「陰陽樹」。這棵矗立在操場旁的老榕樹，最引人注目的不是它的年歲有多大，而是它的枝葉一半黃綠、一半深綠，遠遠看去，就像一位髮色

△ 民族舞蹈劇「總反攻」於1959年獲全縣第三名。
▷ 1957年文昌國小的民族舞蹈團以「吳鳳」一劇獲全省第二名。
▽ 文昌校園的知名景點──陰陽樹。

半白的老翁，參差兩種顏色。等到走近一看，就會發現這棵榕樹主幹岔開成兩個枝幹，一端是變葉榕，葉色比普通樹葉來得淺；一端是一般榕樹，常年青綠。為什麼會出現這樣的狀況，校方也不清楚，只能說是基因突變的結果，目前這棵樹已然成為文昌校園中突出的景觀。

　　在文昌的校史館內，收藏不少建校以來珍貴的老照片，從日治時代的「修學旅行」到戰後的運動會競賽，張張生動活潑，訴說著不同時代，卻同樣愉悅的學習環境。其中有幾張是學校的民族舞蹈團，於五〇年代參加全國比賽頻頻獲獎的光榮事蹟，舞碼都相當有意思，例如「阿眉之光」、「吳鳳」等，其中「總反攻」更是讓人發出會心一笑。每個時代總會有些特殊的景象令人印象深刻，就像窗外迎風搖曳的陰陽樹，鮮活得讓人難忘。

🌿 校園事件簿

西元1900年　我們的學校在這一年誕生了，是在媽祖宮舉行開學典禮的喔！
西元1904年　媽祖宮擠不下了，我們改到「修文社」去上課。
西元1927年　我們學校的女生都遷到「西螺女子公學校」去就讀了，害我們成了和尚學校。
西元1942年　呀呼！學校又恢復收女生了，真好！
西元1954年　學校的民族舞蹈團表演的「阿眉之光」得到全省優勝！
西元2000年　文昌國小一百歲生日快樂！

府城美校園

這塊豐沃的土地養育了我們……，同時將永遠的提供我們子孫以生活之糧及青翠欲滴的生存空間。

——文學作家葉石濤　〈沒有土地，哪有文學〉

① 立人的主體校舍
是1938年建成的
老古蹟。
② 古蹟校舍忠孝樓
於1938年興建時
的上樑儀式。
③ 立人國小校園裡
綠樹成蔭。

西元1944年的4月，青澀的少年葉石濤拿著一紙「代用教員」的派令，來到府城寶町的「寶國民學校」報到，其實要不是家人看其終日賦閒，非要他找份正當職業，他倒希望永遠當個文藝青年。然而不到一年的時間，葉石濤就因太平洋戰爭被徵召做日本兵。戰後，他再度回到學校重執教鞭，只是沒想到這一晃眼便是四十餘年，小學教師成了他的終生職業，但葉石濤並未放棄文學之夢，仍在閒暇時致力文學創作、評論，成為台灣文壇巨擘。

讓葉石濤踏入教育圈的學校，在戰後改名為「立人國小」，是古都府城第二所成立的小學，僅次於現今的南師實小。在日治時代，寶國民學校有著令人欽羨的光榮紀錄，曾多次接待日本的達官顯貴到校參觀，例如台灣總督兒玉

源太郎、民政長官後藤新平，甚至海軍元帥東鄉平八郎還曾留下「宏達」二字的墨寶。除此之外，台灣民族運動前輩蔡培火也曾在此執教，台籍元老政治家連震東亦是畢業於此，所以到府城遊玩時，怎能不造訪這所深藏人文歷史的百年小學。

多產的學校

走在這所南部小學的校園中，清風徐徐，不知不覺間，恍然走進另一個擁有椰林大道的學府，除了大王椰與可可椰筆直聳立外，校園裡各色林木如茄苳、龍柏、榕樹等，青翠蓊鬱，偶然停駐教室前放眼望去，更是一片綠草如茵，充滿了生生不息的朝氣，但不知，昨日的它又是何等風貌呢？

「立人國小」創立於1898年，當時名為「台南第二公學校」，創校之初，是以府城西門外水仙宮的三益堂為校舍（今水仙宮後永樂市場處）。不多久，因三益堂校舍狹隘，無法同時容納所有學生，便將女學生移至外新街的育嬰堂，直到1912年時，新建女生部校舍完成，獨立成為台南市女子公學校——即成功國小前身。

⬈ 1898年，台南第二公學校於三益堂上課時期的師生畢業合照。

⬋ 校樹蒼翠映襯著典雅的古蹟校舍，是立人國小最美的校園風景。

⬇ 立人校方收藏的寶國民學校校旗。

1913年台南第二公學校增設了二年制的實業科，後改設簡易商業學校，直到1922年獨立設校，成為今日的「台南市立商業職業學校」。不僅如此，現今台南府城內有許多學校

立人國小是府城第二所新式初等教育機構。

也都淵源自「台南二公」，例如：協進國小、大港國小……等等，甚至台南高工初創時亦借校舍於此，因此立人國小可說是台南市教育發展的搖籃。

至於立人的校名更是經歷多次更改，最初的「台南第二公學校」一名沿用了四十年，至1938年才改名「寶公學校」，1942年〈台灣教育令〉修正，校名因此再改為「寶國民學校」，皆以地隸「寶町」為名。二次大戰後，學校仍沿用舊名，至1946年才改稱「台南市北區第一國民學校」，翌年，以孫立人將軍之名更為「立人國民學校」，從此校名掛上「立人」兩字。

古樓奉安室

整個立人校園最引人注目的要算是「忠孝樓」了，這棟校舍是校園之寶，建於1938年，整棟建築呈L形，L的圓弧轉角處正是校舍的中央主體——正門玄關，開展的兩翼則是辦公及教學空間，這樣的校舍型式在日治時代相當常見。

忠孝樓的入口門廊為平拱造形，兩側是日治時代較少見的方柱，柱頭上也無繁複的巴

台灣文學巨擘——葉石濤

葉石濤（1925~），台南人。先祖經商致富，是府城有名的家族，早年由於是世家子弟，所以過著養尊處優的日子，就像紅樓夢裡的賈寶玉，自成一個世界。少年時代閱讀許多世界文學名著，浸淫在浩瀚的文學世界中，成為典型的「文藝青年」。1943年在《文藝台灣》上發表處女作〈林君寄來的信〉，驚豔文壇，並應聘為該雜誌助理編輯，與龍瑛宗、吳濁流等人交好。1944年辭去工作，回台南任台南寶國民學校教師。戰後於1951年，捲入白色恐怖浪潮，被捕入獄，坐牢三年。入獄事件讓他遁隱十餘年，直到1965年，才重回台灣文壇。

葉石濤不但是小說家，也是台灣文學史學者，1965年，他發表論文〈台灣的鄉土文學〉，為台灣文學的本土化奠定了理論發展的基礎，之後的〈沒有土地、哪有文學〉，成為日後七〇年代「台灣鄉土文學運動」的重要里程碑和理論依據。其於1987年出版的《台灣文學史綱》是台灣人撰寫的第一部台灣文學史。葉石濤現居高雄舊城，至今依然創作不輟。

洛克式花葉，而是以簡單的幾何紋樣作裝飾，二樓則有優雅的連拱窗，增添幾許美感。有趣的是，這棟充滿西洋建築風格的校舍門廊兩旁，竟然出現中國風味的圓窗，這或許是當初設計者的一種巧思吧！在忠孝樓落成之初，校方特地在其四週種茄冬樹、大王椰、龍柏等綠樹，綠蔭蒼翠襯著土黃色的建築，映著萬里晴空，宛如一幅南洋美景。

ⁿ 立人奉安室中，造型華美精緻的燈飾。
ⁿ 奉安室位於校長座位的後方。

現今忠孝樓已名列府城的市定古蹟，而其中尚藏著一個神祕的空間——奉安室。立人國小的奉安室，就在忠孝樓校長室，而出入口即在校長座位後方，裡面的擺設與物品，還保留著日治時代的殖民風格。天花板上八角型的雕花燈飾，雖然已顯老舊，但雕花的精細，還是可以看出象徵皇居的風格，穹窿天花、檜木牆壁，一景一物都經過細心布置。此外，擺放在奉安室中的奉安箱，更是精華中的精華，貴氣的日本皇室花紋，刻在黑色鐵櫃上。當年，這裡可是學校的聖地，天皇的御照與如同聖旨般尊貴的教育敕語捲軸，都慎重的保存在這櫃子當中。目前在台灣還保留著「奉安箱」的學校還算不少，但如立人國小一般，幸運的完整保留這充滿時代「空間」的小學，早已不多見了。

少棒無敵

除了文史古物讓人津津樂道，棒球競賽也是立人的驕傲。立人國小早在三〇年代時，便已成立棒球隊，當時還曾奪得許多獎項，耀眼

ⁿ 1942年寶國民學校時期的「野球隊」選手們。

立人棒球隊一直是國內少棒球壇的一支勁旅。

的成績甚至比台東赫赫有名的「紅葉少棒隊」要早上二十多年呢！後來活躍於職棒球壇上，或曾馳騁於棒球場上的名人，大多數出身於立人國小，因而有「棒球學校」的美稱。

日治時代，野球（今棒球）幾乎是各個小學校裡極為廣泛的運動，每到下課時分，即使只有短短幾分鐘，學童們也必然因心中的熱情而握起球棒，走向操場的各個角落，享受優閒又刺激的打球時刻。投手、打擊手、游擊手…等，帥氣的姿勢，熟練的技巧，讓人目不轉睛。尤其特別的是，在那物資匱乏的年代，學童們直接用手當成球棒或者找根木棍代替，至於接球就更不用說了，棒球手套是學童心目中遙遠而又奢侈的夢想。

台灣早期各國小的少棒校隊，很少能戰勝日籍子弟就讀的小學，因為台灣棒球源自日本，且資源及裝備不足，再加上日人技術原本技高一籌，台籍小朋友自然敵不過，但立人國小卻是當時少數能夠把日籍少棒隊打得落花流水的台籍隊伍。

戰後，立人國小也屢創佳績。1962年，台灣省第三屆少棒錦標賽在屏東舉行，立人國小雖然體型不如別人高大，卻憑著一股熱情與衝勁，加上團員合作無間，在幾十所學校混戰中，勇奪季軍。1969年，金龍少棒隊遠征美國，參加世界少棒錦標賽，登上冠軍寶座，舉國歡騰。其主力投手陳智源即出自立人國小，他創下了世界少棒賽裡，單場賽事三振對方打擊者次數最多的紀錄，棒壇大震，從此被譽為「魔手」。

此外，現今活躍在職棒場上的棒球明星中，有多位也來自立人國小，例如旅日好手莊勝雄，職棒選手吳復連、陳該發、張文宗等，都是深受台灣民眾喜愛的球員。

皇祚無窮？

　　為了一睹日本海軍之神——東鄉平八郎的「宏達」墨寶，我們來到立人的校史室，但卻遍尋不著它的蹤跡。看著校史室裡的老照片，日治時代大禮堂中高掛的匾額上題著「忠君愛國」、「皇祚無窮」，不禁讓人思索，日本統治下的台灣，匾上期許台灣子民忠於哪個「君」，又要愛哪個「國」？皇民化的統治下，皇太子裕仁曾來到立人國小視察，學生們在路上列隊唱著〈東宮殿下歡迎歌〉，晚上更有提燈遊行等活動。戰後，學校以孫立人將軍之名為學校改名，天皇又在哪裡？古往今來的政權統治，在此像是場時空中的遊戲，百歲之後，斯人安在，不知誰會是真正的贏家呢？

❶ 立人校園群木參天，綠樹蔥籠清幽美麗，是都會區少見的綠化校園；曾被選為「視力保健學校」。

❷ 日治時代大禮堂內，舉行的表演節目；立人的老禮堂現已拆除。

校園記事簿

西元1898年　「台南第二公學校」開張囉！
西元1912年　女生搬到新校舍去了，她們後來獨立成為「台南市女子公學校」。
西元1938年　我們學校變成「台南寶公學校」，跟台語的「包公」聽起來很像耶！
西元1947年　為了紀念孫立人將軍，學校改名為「立人國民小學」。
西元1969年　中華金龍少棒隊參加世界盃少棒錦標賽，陳智源學長創造了三振打擊手的世界紀錄喔！
西元1988年　校園實在綠化得太成功，所以被教育廳指定為「視力保健示範推廣學校」。
西元1994年　學校少棒隊獲得世界少棒聯盟，遠東區代表隊選拔賽的冠軍喔！

繁花綠樹 燦爛輝煌

國君的尊嚴威光，照耀著高砂，
島上南方，調教之草，
在花園中，吐著芬芳，
遊戲的我們，幸福多。

——〈花園尋常高等小學校校歌〉

🔺 公園國小的古蹟校舍花園樓大約於1923年建成。

🔻 公園國小校園恰如其名，一片綠意盎然。

雨後初晴，散步在台南公園裡，享受著行道樹所散發出的那股植物特有的清新香氣。

這座台南市區裡最大也最早的公園，建於1912年，當時的日本政府相中府城北區的燕潭風光，依據週遭現有地形加以布置，堆砌山壑，栽植草木，引泉流匯入燕潭成一小湖，成就了景緻天成的都市公園，從此這座公園就成為府城居民休閒遊憩、活動聚會的最佳場所。

日本人是個懂得生活藝術的民族，或許就是因為了解生活之美，因此總愛把子弟們就讀的小學校，設在風景宜人的公園旁，台南府城的「花園小學校」即是如此。現在的公園國小就是昔日的花園小學校，直到二次戰爭結束，日人師生遭返後，它依然故守在台南公園旁，只是學校改了名字，師生換了身分。

一腳踏進公園國小，經過雨水沖刷愈發顯得明亮潔淨的「花園樓」就在前方招手。走過略顯陰暗的川堂，東園樓、北園樓、操場和綜合球場……

眼前的世界頓時寬闊起來，格局方正的空間組合，乍看之下並不特別突出，然而肉眼無法察覺的，是隱身其後那一段錯綜複雜的身世。

1939年花園小學校一年級新生，至台南公園遠足踏青時合影。

日治時代，花園小學校校外修學旅行的師生合影。圖中日籍學童個個制服筆挺。

皇室最愛逛花園

歷經幾番人事更迭，日治時代專門給日本子弟就學的「台南尋常高等小學校」所在地為校址，結合了1942年成立的「伏見國民學校」，「公園國民學校」的命運終於在1948年塵埃落定。

「台南小學校」創辦於1898年，早期借用孔廟的廳堂做為教室，後來一度設校於「竹園町」，也就是現在的台南一中，並且隨之改稱「竹園尋常小學校」；1923年，位在公園路的新校舍落成，校名又變成了「花園尋常小學校」。翻閱這所小學的大事紀──「台灣總督佐久間氏蒞校視察，頒獎金百圓」、「民政長官南下視察，頒獎學金貳拾圓」、「奉迎皇太子殿下降駕台南市，舉辦台灣學藝展覽大會」，高層長官、皇室親族頻繁眷顧的身影，在在說明了尋常小學擁有一點也「不尋常」的特殊地位。

至於「伏見國民學校」設立之初，同樣苦於教室無著，學生們必須借用其他小學上課。1943年4月，新校舍在今天的延平國中完工；戰後初期，首先改名為「第二國民學校」，為了延續學校命脈，終於在1948年遷入現址，與「花園尋常小學校」合而為一，成為「公園國民學校」。

花園樓之美

既然這裡原本叫作「花園小學校」，目前的行政及教室大樓「花園樓」自然是不能錯過的景點，它是日治時代「台南尋常高等小學校」本館，校方在1950年曾將戰爭期間遭損毀的部分加以整修，川堂與樓館北側是後來才增建的，屋頂的材質也已經改用金屬建材。雖然經過多次修葺，但是建築物左右兩側大致仍維持著磚造風貌，為這所老校，增添不少古意。

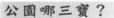

根據成大建築系傅朝卿教授的分析，花園樓除了入口門廊及南北兩端略為突出以外，其空間布局大致呈現「一字型平面」。東西兩向均設有走廊，門廊之後為開放式川堂，川堂兩側為辦公室，兩座樓梯分別位於南北兩端，二樓為教室。至於其造型，則可歸類為「紅磚折衷式樣」——看不到任何明顯屬於西方的特定建築語彙，門廊為三拱圈形式，中央部分兩側左右對稱，一、二樓均有五個拱圈，一樓較接近圓拱，二樓為弧拱。整棟建築最特殊的地方即在於，樓梯間的二樓屋簷下，那兩道彷如辰野金吾式樣的白色橫飾帶，紅白相間的美感，既醒目又活潑，為日治時代所普遍流行的紅磚洋樓，留下了最佳見證。

● 日治時代所留下的菸灰缸，記錄了花園與伏見兩校合併的歷史。
● 紅樓白牆映著窗外的翠綠，讓花園長廊充滿詩意。

公園哪三寶？

除了美輪美奐的古蹟校舍，公園國小最著名的，便是「都市森林」的美稱。學校裡到處長滿了各種植物：鐵樹、樟樹、茄苳、蘋婆、火焰樹、鳳凰木……等，不勝枚舉，而其中最有名的，當屬「公園三寶」——九芎、梅樹、波蘿密。

今年大約已經八十歲的九芎，是一則令人肅然起敬的綠色傳奇。1945年，也就是二次大戰末期，盟軍炸彈不慎落入校園，校舍起火焚燒，被砲火波及的九芎樹，也連帶燒成空心。從樹幹上斑駁遒勁的爆裂痕跡，不難想見其深陷火海的慘狀。雖然遭受重創，它至今依舊生氣昂揚的佇立在校園一隅，格外受到大家的敬重。三寶之二的「梅樹」，與九芎年齡相仿。平地少見的「單瓣白梅」，竟能夠生長在氣候暖和的南部地區，實為罕見，每到冬天，樹梢開滿了小白梅花，是媒體爭相報導的美景。至於結實纍纍的「波蘿密」，也是日治時代栽植的，由於增建教室，只剩兩三棵留了下來，因此被視為校園之寶。

● 曾經炮火焚身的九芎樹。
▼ 白梅高齡七十餘歲，雖位處溼熱的台南，但每到冬季依然繁花盛開。

三對等教室

　　無論是日治時代的輝煌與風光，或是輾轉播遷與戰後併校，在所有老「公園人」的心目中，這裡始終埋藏了最寶貴的回憶。1953年到任的陳源泉校長，便在他的回憶錄中留下這句話：「說真的，在台南市很難找到一所小學像我們學校這麼優美的！」引以為傲的心情，溢於言表。但是雜亂的環境、破舊的校舍，卻也是他必須面對的極大挑戰，「現今花園樓與南園樓過去是二樓建物，樓上樓下的地面都是木製的，走在上面有聲響且會震動，令人有如履薄冰之感；天花

日治時代花園小學校於台南公園的師生合照，從圖中可看出其服裝和一般台籍學生的貧困樣貌，有著極大的差異。

板上有時會掉落破損的木片砸到人，所以將木製地板改成水泥地面……。」由於教室不敷使用，學校便在今天靠近公園南路的前庭，蓋了八間「三對等」教室。「三對等」意思是說，將建築所需經費分為三等分，由省府負擔三分之一，市府負擔三分之一，其餘的三分之一則由家長平均分攤。由於當時一般民眾的經濟狀況普遍不佳，因此得靠老師們挨家挨戶的勸說家長樂捐，透過這種格外辛苦的方式，才籌到了足夠的款項，完成教室的興建。雖然該棟教室目前已經拆除，然而這段「鄉梓建學」的曲折，仍是最令老校長感念的往事。

　　不穩定的外圍環流帶來了豐沛的降水，雨滴落在花木扶疏的校園裡，響起一陣悅耳的打擊樂聲。告別這所美麗的小學，沿著圍牆邊的紅磚道與車水馬龍的道路錯身而過，一邊接收刺耳的噪音聲響，一邊呼吸芬多精與塵埃廢氣，令人突發奇想：不知道1966年從這裡畢業的國際知名導演李安，每天上下學途中，眼中所見都是些怎樣的光景？

校園記事簿

西元1898年	給日本小孩念的「台南小學校」成立了，還借用孔老夫子的地方上課喔！
西元1923年	花園樓蓋好了，小學校的學生不但有了新家，還有一個新名字——花園尋常小學校。
西元1942年	「伏見國民學校」誕生，不過沒有自己的地盤，學生還得去別人家上課呢！
西元1945年	挺拔的九芎樹，竟然被火燒成了空心，卻依然在校園中屹立不搖，實在令人敬佩。
西元1948年	「花園」和「伏見」合而為一，變成「公園國民學校」。
西元1966年	李安學長小學畢業了，他後來變成世界一流的電影導演。
西元1986年	我們遠征美國威廉波特，勇奪硬式少棒世界冠軍，很厲害吧！

蓮池潭畔中國風

鳳山之學,則自康熙二十三年始,知縣楊芳聲建焉,在興隆莊。前有蓮池潭,為天然泮池;潭水澄清,荷香數里。鳳山對峙,案如列榜。打鼓、半屏插於左右,龜山、蛇山旋繞擁護,真人文勝地。

——《鳳山縣志》

說到港都高雄,人們腦海中馬上會浮現大船入港,貨櫃車來來往往的國際貿易景象。身為台灣第一大港口,高雄給人的印象除了現代化,還是現代化,很難將它與歷史、鄉土相連結,然而位於高雄北區的左營,卻是別有一番古早風味。

「潭水澄清,荷香數里」的舊城蓮花池。
日治時代舊城公學校就設在山明水秀的蓮花潭畔。

左營是高雄地區最早開發的地方,遠在明鄭時代,它就是當時「萬年縣」的縣治所在,築有城池,其位置就在現今的蓮花潭畔,由於當時此地設軍屯名為「左營」,故當地人引為地名。到了清領時代,萬年縣改「鳳山縣」,縣治仍設於此地,直到林爽文事件之後,才遷往鳳山,於是居民乃稱鳳山為「新城」,左營為「舊城」。

日治時代,左營是日本海軍的南進基地,二次大戰期間海軍艦隊來往頻繁;戰後,國民政府依然選擇這裡為海軍重鎮,並且發展出特有的眷村文化。於是古蹟、風景、眷村、閩南聚落、軍事基地造就了左營與眾不同的地方風情,更讓左營擁有一所校園中有孔廟的小學——舊城國小。

舊城思想起

　　走在蓮池潭畔，晨曦灑照，座落池畔的舊城國小，隨著潭面閃現的粼粼波光，映照出一幅美麗的夢幻晨景，待走入校園，這才更感受到另一種美麗。清幽的半月池、雅緻的孝親亭，無不令人駐足；孔廟前的迎曦園，望去一片綠意盎然，各色花朵映襯大地，印度紫檀沉穩的屹立兩旁，靜聽風聲在簷間穿梭來去，守候著已堂堂列入三級古蹟的崇聖祠。崇聖祠是舊城國小最「舊」的建物，與舊城國小淵源綿遠，這故事要從三百多年前的清領時代說起……。

　　西元1683年，也就是清朝領台的第二年，原本的萬年縣改為鳳山縣，首任知縣楊芳聲來到這裡，見景觀優美，便在附近的興隆莊興建孔廟、設置縣學（官方學校），也就是現在舊城國小所在地。孔廟位置極富自然人文氣息，前有蓮池潭，波水澄明如鏡；另有打鼓山、半屏山各在左右，鳳山與之相對；龜山、蛇山盤繞相護，稱得上是人文勝址。

　　到了1704年，知縣宋永清捐俸重建，形成大成殿在前、崇聖祠在後的建築模式，但由於颱風不時來襲，建物不耐蟲蛀，逐漸傾頹毀壞。十數年後，

詠舊城

請道潭勝景
耕一畝書田
潭池飄香
憶聖哲風範
古木參天
映校舍更建
覺宮薪傳
自統擴心園
納宏偉駒樓
樹成功操竿
辰健康歡顏
麗幸福盈滿
舊城雅燦歷史
再誌一篇新章

🅐 1960年舊城六十週年校慶運動會上的疊羅漢表演。
🅑 1970年建校七十週年運動會的田徑比賽。
🅒 舊城校園牆上的舊城詠嘆。
🅓 日治時代的劍道課。

知縣李丕煜將之重建，恢復廟宇原有風貌，而且更為壯觀；並闢孔廟左廂為教育地方子弟的學校。直到1900年日治初期，台灣總督府在全台各地大力推行新式教育，於是左營地方上各庄庄長便共同請願，以「聖廟」為學宮，創建「舊城公學校」，八年後，陸續有分校成立。1945年因政權轉移，改名為「高雄第二國民學校」，直到1968年，政府開始實施九年國教，便改成「高雄市舊城國民小學」直到今天。

孔廟在校園

越過了寬寬大大的玄關，就會看到舊城的精神堡壘——參天蒼翠的老榕樹和悠悠孔廟。這座孔廟可說是舊城至寶，日治時代「舊城公學校」在孔廟內成立，但之後為了改建校舍，孔廟因而遭到破壞，原有建築被拆，僅存內殿的「崇聖祠」而已。後來，國民政府播遷來台，依原有風貌加以整葺修建，如今已被列為三級古蹟。

孔廟後的碑林，是見證歷史的眼睛，「舊城古蹟孔廟後，巍巍碑林十一方」，這些斑駁的碑林自清代流傳下來，雖歷經數百年風霜，卻依然相當完整。形狀有橫豎之別，質地古樸而珍貴，碑文內容更是豐富多樣，內容涵及讚頌孔聖、表彰功勳、事蹟、重建學宮……等，堅實有力的字句，除使人懷想先人的種種功蹟，似也有著期待學子們承先啟後的用意。

在新的孔廟尚未修建前，原本高雄市一年一度的祭孔大典都會在舊城國小校內的孔廟舉行。每年教師節的前兩個月，孔廟前方的廣場就成了練習祭孔典禮八佾舞的場所。這座孔廟除了擔負歷史教育意義的重

位於舊城校園內的「舊城孔廟」，是高雄地區第一座孔廟，後方更有數量不少的的石碑。

任外，平常其實是學生們玩捉迷藏的好地方，斑駁的紅柱、昏暗的神龕都是最佳的躲避處喔！

盛產校長之地

操場上的老榕樹，據說已經超過百歲，不僅是凝聚全校師生的力量，也是校運昌隆的象徵。抬頭細看，只見它枝茂葉盛，隨風飄然的黃棕長鬚，猶如老爺爺一般慈祥和藹，當微風徐徐吹來，更加憑添思古幽情。百歲中，夏日裡，已不知有多少學童來來去去？他們曾躺在它的樹蔭下納涼嬉鬧，漸漸的成長茁壯，度過人生中最無憂的美好時光，仔細傾聽，那時空甬道中似乎還傳來孩童們銀鈴般的笑聲呢！

或許是校內擁有一座三百多年歷史的孔廟，加上山水的靈氣，讓舊城國小擁有地靈人傑的魔力，百年來培育出許多社會中堅份子與領導人物，而在這裡受過「薰陶」的校友，後來成為國小校長者更是不計其數，因為據說高雄市有大半的國小校長是出自舊城呢！

❶ 操場上的老榕樹是舊城的精神象徵。
❷ 舊城國小七十週年校慶會上的舞蹈表演。
❸ 山明水秀的蓮花潭造就了舊城的地靈人傑。

除了盛產國小校長外，在舊城國小念過書的知名校友也很多，像是政壇上的許水德、黃昭輝，演藝圈的歸亞蕾等，都有不凡的成就。在許多「舊城人」的心目中，那得天獨厚的山水環境所孕育出的人文胸懷，正是豐富他們生命的活水源頭！

 校園記事簿

西元1900年	在幾位庄長的努力下，「舊城公學校」在孔廟裡誕生了。
西元1921年	今年學校改名為「左營公學校」。
西元1940年	學校過四十歲生日，有發行校慶特刊喔！
西元1946年	日本人回去了，我們改叫作「高雄第二國民學校」，後來又變成「舊城國小」。
西元1962年	學校原來的木造教室改建成平房去了。
西元1972年	學長們慷慨解囊，我們有音樂館囉！
西元2000年	百週年校慶開始囉！

香蕉新樂園

> 我到現在還記得蕃薯開花的情景，土地一片白色的小喇叭，那樣純淨、那樣素樸、那樣美，想著的時候，就好像聞到了整片土地的芳香。
> ——旗山作家　林清玄〈眠床下的蕃薯〉

　　源於阿里山東麓的楠梓仙溪一路流過甲仙、杉林，到了這裡改叫作「旗尾溪」，隔著旗尾山，就是那個以反水庫運動聞名的客家鄰居「美濃」。古時候被稱為「蕃薯寮」的旗山，其實並不盛產蕃薯，只因為一個老婆婆在路邊搭蓋茅舍，以蕃薯糊提供往來商旅充飢和歇腳，這個小小的村落，才有了如此具有草根性的名字。

(A) 旗山國小於日治初期常借用軍隊操兵場，舉行運動會。
(B) 日治時自旗山神社俯瞰旗山國小。

天堂中的天堂

　　百年前，日本人以旗山為據點，建造了糖廠舊火車站，隨著製糖產業的發達，帶動了市鎮整體的活絡。戰後，台灣農產加工外銷日本，黃澄澄的香蕉最受青睞；倘若台灣有「香蕉天堂」的美名，那麼，旗山應該就是「天堂中的天堂」了吧！半個世紀以來，這裡生產的香蕉不知為台灣賺進了多少外匯，直到今天，它仍然擁有全國最大的香蕉園，護持著「香蕉王國」的光環。

　　有糖廠的地方幾乎就有出名的古早「枝仔冰」，走在「無處不古蹟」的旗山老街，我們一面吃著當地最有名的「紅豆健素冰」，一面瀏覽沿路的古蹟風光——融合長方形、八角

形、三角形等幾何圖形概念的車
站，是維多利亞與哥德式建築的複
合體，一磚一瓦都銘刻著歷史的滄
桑與藝術之美。中山路上，巴洛克
風味的圓拱廊街屋，是昔日榮光的
鮮明見證。為了迎接外來遠客，許
多空間已經紛紛改裝為咖啡廳之類
的場所，無論精緻套餐或午茶點
心，聽說總是座無虛席。

　　當然，我們也沒有忽略，校園
裡擁有古蹟之美的旗山國小。

🔼 旗山老街的巴洛克式牌樓。
◀ 旗山國小的北棟教室，建於二〇
　年代，經歷了八十餘載的歲月洗
　禮，充滿歷史滄桑的美感。
🔽 日治時代「蕃薯寮公學校」師生
　上課情形。

旗山光陽好風光

　　1898年誕生的「蕃薯寮公學
校」，是旗山地區的中心小學，舉
行開校式時，全鎮有百餘人參加，
可謂當時地方上一等一的大事。幾
年之後，台灣總督府實行地名簡化政策，學校才跟著地方改名為「旗山第一公學校」。一直
以來，它扮演著旗山的教育搖籃和社區中心的角色，它是旗山所有小學的母校，也是旗山
棒球的源頭。

　　講到棒球，就不能不提旗山國小的「光陽少棒隊」——棒球運動在台灣的興起乃至盛
行，其源頭可以追溯自日治時代，但成為全民運動則是戰後的事。在五〇、六〇年代，高
雄「三山」：鳳山、旗山、岡山，每年為了爭取參加省運棒球代表隊的機會，三地人士不
但出錢出力籌組球隊，更在平時便勤於舉行地方對抗賽，以厚植實力。千萬別以為那只算
是芝麻綠豆級的小事，對地方上來說，其所受到的熱情關注可是我們難以想像的！

　　其後，隨著「紅葉少棒隊」在世界揚名，高雄地區也掀起了一陣棒球旋風，許多小學
開始組織自己的少棒隊，由於「三山王國對抗賽」的傳統，旗山國小光陽少棒隊的素質及
水準之高自然不在話下，因而成為一支勁旅。自1968年起，便連續獲得四屆全縣冠軍；

1971年，光陽少棒隊在全省少棒賽中榮獲亞軍的佳績，同時代表台灣出訪日、韓與當地少棒隊進行交流，這是旗山棒球史上最輝煌的一段日子。但令人扼腕的是，後來礙於人事、經費等現實因素，光陽少棒隊不得不走上解散一途，旗山的棒球運動自此開始走下坡，直到近年國內職棒運動興起，少棒的前景才又再次露出曙光。

欣賞建築之美

除了光榮的運動史，旗山國小為人所知悉的，應該就是被列為縣定古蹟的校園建築吧！石拱圈校舍、大禮堂及老樹，造型優美典雅的古文物，年齡都在八十至百餘年間，此是高雄縣境內其他學校難以望其項背的地方。

石拱圈校舍指的是校園中的北棟教室。日治時代，由於日人來此興建糖

1969年旗山光陽少棒隊榮獲南部六縣市少棒賽冠軍。

北棟教室是相當典型的西洋拱圈式建築。

廠，西洋建築風格也隨之進駐旗山，前面提及老街上的石拱街屋便是當時規劃出來的。結合了西洋圓拱和本土亭仔腳的建築，同樣可以在此看到——北棟教室一樓為圓拱廊，二樓為平拱廊，拱廊外牆為洗石子，並點綴以簡單的線板，透空的部分是用花磚施做而成，藉此突顯光影明暗的效果，不但富有變化和巧思，還多了一份詩情畫意的韻緻。

至於1935年竣工的大禮堂，則展現出另一種莊嚴厚實的美感。外觀古典的禮堂，內部有著細緻開闊的施工：正面山牆為羅馬式風格，三扇氣窗被設計為雙連拱，極具創意；側面雙連拱柱立面所形成的窗型，正好與山牆上的連拱窗相互呼應，在在表現出設計者的細膩和巧思；而山牆上的人字型屋簷，更為整體建築添加了濃厚的日式色彩。不管校舍或禮堂，其造型與樣式，在台灣都是難得一見的建築佳作。

文化之路

　　然而，古蹟保存在台灣，向來就是兩難的抉擇，不管是基於開發、安全，或者各式各樣的理由，凡是屬於「老」的東西，要在台灣的土地生根茁長總是不太容易。就以旗山國小來說，由於年代久遠，校方沒有多餘經費進行維護修繕的工作，校舍難免有損壞之處，尤其是北棟教室，雖然還不至於達到「危樓」的程度，卻仍有安全之虞，拆與不拆的聲浪，在地方上同時響徹雲霄，因而導致「旗山國小古蹟教室解除指定」事件的發生。經多方協調奔走，縣府做出保留古建築的決議，爭議也逐漸平息。文化人士雖鬆了一口氣，仍不免憂心，保護古蹟文化財產的觀念，台灣，似乎仍有漫漫長路……

🅐 老禮堂的三扇連拱式氣窗，造形典雅，樣式相當少見。

🅑 旗山國小老禮堂右側的雙拱柱立面窗。

🅥 旗山國小的老禮堂及北棟教室，已被列為縣定古蹟。

🌱 校園記事簿

西元1898年	旗山的第一所小學——蕃薯寮公學校成立了。
西元1901年	第一次校慶運動會是在旗山練兵場上舉行的喔！
西元1922年	今年，我們改名字了，變成「旗山第一公學校」。
西元1935年	美麗的「中山堂」完工了。
西元1946年	戰爭結束了，學校舉辦「旗山區教員國語講習會」讓老師們學習中文。
西元1971年	光陽少棒隊的大哥哥們出國比賽去囉！
西元1998年	旗山國小生日快樂！

古城明珠

雖然日治時代的校舍已拆除，但南師實小仍沿續舊時傳統，採仿紅樓式建築。

俗稱「府城」的台南市是台灣最古老的城市，走在台南市的街道上，若能用心觀察便會發現，台南市處處充滿百年歷史的風情，可說無處不是古蹟。如果問府城人，哪所學校是這百年古都最早的小學呢？被問到的人二話不說，都會回答「南師實小」，它在古都府城裡具有悠久傳統，是一座具有璀璨盛名的百年小學。

第一志願

南師實小創設於1898年，原名「台南公學校」，校址設於台南孔廟內，其間一度更名為「台南第一公學校」，並遷到現址興建校舍。1922年，被「台南師範學校」指定為該校的代用附屬公學校，且學校不設校長，而由師範學校校長指派一位師範學校的資深教師處理校務，當時稱作「主事」。從此，南師實小便成為南師的附屬實驗學校迄今。

因為是師範學校的附屬小學，師資都經過嚴格挑選，所以這所台南最老資格的小學從日治時代起，就是府城子弟人人擠破頭，想進去就讀的明星學校，在當時，想進入實小都須經過嚴格的考試檢定，其競爭之激烈不下現今的大專聯考呢！

南師實小自創校以來，因為學制、政權及行政區域的變遷，校名前後歷經更動過十三次之多，部分台南人一家數代都念這所學校，但領到的畢業證書上的學校名稱卻各不相同，成為府城有名的趣談。

消失的太子樹

在南師實小校史上，最知名的一件大事發生在1923年，當時的日本皇太子裕仁來台蒞校參訪。來台半月有餘，裕仁遊覽了台島北、中、南幾個重要的大都市，台南就是其中之一。裕仁太子每到一個城市，就會到地方上最重要的幾所學校去參訪，因此當時的「南師附屬公學校」，也成為裕仁參訪的行程之一。裕仁在南師實小的校園裡，親自種下一棵樟樹，後人稱為「昭和太子樹」，可惜的是這棵樹在戰後因為「身分」敏感，無辜遭到砍除，早已從南師實小的校園中消失了。

南師實小校園中的百年金龜樹。

港都棒球旋風

日治時代「高雄一公少棒」可說是威震四方。

南台灣這三個字，不免讓人聯想到陽光普照、濕熱的暖風、熱情的在地人，當然還有高雄這個南部大城。事實上，這裡也是台灣最大也最重要的國際貿易港口。在這繁華的港都中，很少有人知道高雄最早的發祥地是在「旗后」（亦作「旗後」）地區，也就是高雄港對面的小島——戰後改名為「旗津」。

全高雄最早的小學——旗津國小，就是成立於旗津島上的臨水宮中。旗津國小可說是高雄市所有小學共同的「母校」。旗津國小的出現背景很有趣，與其他百年小學不同，它並非由台籍人士催生，而是由一群住在打狗（今高雄）地區的日本人奔走創立的。當時這群日本人組織了一個「打狗俱樂部」，在1897年（明治30年）時，他們捐募基金，成立了「打狗國語傳習所」。後來又陸續更名為「打狗公學校」、「高雄第一公學校」、「平和國民學校」，以及「旗津國民小學」。

台灣少棒發源地

旗津國小校史上最赫赫有名的時期，就是學校改為「高雄第一公學校」那段期間。當時學校的「一公少棒隊」威名遠播，是台灣第一支土生土長的少棒隊喔！在1929年，由台灣總督府舉辦的「第一屆全島少年棒球賽」中，「高雄一公少棒隊」揮棒打出了全島冠軍，可說是一鳴驚人，也將旗津國小帶入少棒黃金時期，成就了港都第一棒球名校的傳奇，時至今日校方仍保存著當年奪冠時的選手合照。

除了「一公少棒」的豐功偉業，令地方人士津津樂道，旗津校園內的忠孝樓也是老校友最常造訪的地方。忠孝樓建於1936年，是一棟二層樓的建築，它並非屬於哪種特定的建築型式，不過，那由斜背式黑瓦鋪陳建構出的斜屋頂、半圓形的拱狀門廊，則是日治時代小學校舍典型的建築樣式，外觀質樸典雅，別具一格；高雄市政府已將其列為市定歷史建築，成為校園中知名的景點。雖然有些原本造型古樸的上推式木框窗戶，已為現代鋁窗所取代，但其久遠的歷史、少棒揮擊出的榮光，都在南台灣的豔陽下與旗津島的海面上，熠熠的閃耀著……。

旗津的忠孝樓是座造型典雅的古蹟校舍。

紙傘鄉裡百年過

　　高雄的客家大鎮——美濃，昔稱「瀰濃」，以煙葉、紙傘著稱。地名由來據說是先民到此地開拓時，因地處山明水秀之間，而取字為「瀰」，居民皆務農而取字為「濃」，故名為「瀰濃庄」。美濃小鎮內充滿著朱瓦煙樓、純樸的客家文化，亦有豐富的自然生態，例如黃蝶翠谷、靈山、月光山等美景環繞。在這令人心曠神怡的美濃平原上，第一所新式小學教育機構，便是位於美濃市中心的美濃國小。

日治時代瀰濃公學校到日本內地進行修學旅行時，於東京皇居二重橋前留影。

一根石柱百年深

　　一進美濃國小，就可看到校門左側有一棵印度紫檀，這棵紫檀年齡逾百，樹姿高聳參天，十分雄偉壯麗。日治時代，學校附近是美濃較為熱鬧的地區，除了學校外，還有派出所、庄役場（今鎮公所）和信用組合（今農會），可說是美濃的行政、教育、金融中心。在這繁華的地帶；或許因為人多，所以這一地區的老樹也就特別多。

　　美濃校園中位在印度紫檀對面的走廊角落裡，有一根古老、殘破的石柱，這石柱其實是「六堆之右堆統禦中心碑」，上面所刻的文字可追溯到美濃國小成立之前。美濃國小現有校地在清朝時，其實是南部客家著名的武裝護鄉組織——六堆之中美濃地方團練——右堆的統領林豐山家族，伙房的所在地以及收租用的公館。1900年，瀰濃公學校成立，這所學校即美濃國小的前身。初期，學校是借用美濃街上的民房上課，但由於學童人數不斷增加，借用民房並非長久之計，於是日本當局便拆除現址地上的民宅，做為校地使用，僅留下這根石柱，向美濃的孩子們訴說著右堆的歷史。

　　或許是繼承了先民愛鄉、護鄉的精神，當政府計劃在美濃興建水庫時，美濃人為了保住原鄉的好山好水，發起了「反水庫運動」，組織起愛鄉協會，長期與政府抗爭；這也使得近十年來，這個南台灣的純樸客家小鎮不再以紙傘聞名，反而成為高聲吶喊的「反水庫」之鄉。水庫興建的熟是熟非自有公斷；但美濃人自古不變的那份愛鄉愛土之情，卻令人欽佩、感動。

1943年太平洋戰爭期間，美濃國民學校的軍事訓練課程。

謎霧般的校史

說起屏東市唐榮國小的歷史，比起一般學校都要來的精彩許多，因為唐榮國小曾在日治時代遭到轟炸，不僅學校建築全毀，其珍貴的校史文件資料，也因轟炸消失在戰爭的洪流當中，於是就連許多屏東在地人也都忘了它是屏東市內第一所小學。

黑金不見了？

唐榮國小的前身是1898年成立的「阿緱國語傳習所」，隔年更名為「阿緱公學校」，後來到了1904年，因為校址所在地改名為「黑金町」，學校也就地改稱「黑金國民學校」。只是到了二次世界大戰末期，校區遭到盟軍的轟

唐榮國小校園內的台灣島花圃是日治時代留下的。

炸，變成一片廢墟，於是在戰爭結束後，全校遷至原日人就讀的「榮國民學校」的校區上課，成為現今屏東中正國小的前身。

1949年，屏東縣內的工業鉅子唐榮，由於其子唐傳宗為「黑金公學校」的校友，不忍兒時校園成為廢墟，乃請父親幫助母校復校，於是唐榮先生決定捐資重建學校，並於四年後完工，為了感念唐榮先生的美德，學校正式更名為「唐榮國小」，正式與中正國小分道揚鑣。只因大時代的無奈變遷，原本權宜之計，造成現在唐榮與中正國小的校史重疊，從「阿緱公學校」創校至日治結束這段的歷史，在史料文件的錯置搬遷下，轉而成為中正國小的校史，因此唐榮的百年校史也就不見了。

台灣島模型

說完唐榮的傳奇校史，也來看看它的校園景致吧！校園內最讓人眼睛一亮的，就屬座落在大禮堂旁的台灣島模型，這是日治時代第七任校長藤黑左衛門所建，為一用混凝土所做之長15公尺、寬8公尺的模型。早先為四周環水的設計，彷彿就是台灣地理型態的小縮影，為了讓學生能一親台灣島的魅力，校方還特別在池中設有幾塊石頭當作步道，使這座島成為該校最具代表性的校園景觀。在戰後復校之後，唐榮校方為避免學童在嬉戲時發生意外，乃將台灣島的四周填平，以草皮代替池水，雖然台灣島的池水已消失，孩子仍愛親近這個校園耆老，當步出校園後，這兒也將是他們難忘的校園一角。

屏東街頭學校起

日治時代萬丹公學校運動會上的騎馬打仗。

位於屏東縣中部沿海的萬丹鄉，在漢人尚未到此地開墾之前，是平埔族馬卡道族人活動的地方。「萬丹」原為馬卡道族語，意思是「市集買賣之地」。當漢人渡海來到萬丹拓荒經商時，看中了萬丹的地勢高於周邊土地，且與平埔族村落接近，便選擇此地定居，作為與平埔族往來的交易地點，於是，慢慢的形成一個小市集。也因此，屏東有句俗話說：「屏東古早是阿猴，萬丹是街仔頭。」直到現今萬丹附近老一輩的民眾，如果要到萬丹做買賣，他們依然會說：「要去街仔頭！」

在這個「街仔頭」最早的學校是位於萬丹市中心的「萬丹國小」，成立於1899年，當時叫作「萬丹公學校」，到了戰後才改為現在的名字。在萬丹國小校史上有一段有趣的插曲，那就是日治時代台灣總督府認為萬丹屬於農業發展區，便在公學校內設了二年制的農業補習學校，這所農校和萬丹公學校使用同一個校區，前後長達十五年，之後才獨立出去，戰後成為萬丹國中，所以如果說萬丹國小和萬丹國中是系出同源，實在一點兒也不為過。

獨一無二「文」字門

所有萬丹人都知道萬丹國小的「註冊商標」，就是它的校門——文字門——以「文」字為造型。這座全台可是獨一無二的校門興建於1968年，當時會有如此獨特的創意，全是因為校方在改建大門時，希望突顯出該校乃萬丹地區的文教重鎮，也是文化傳承所在。這樣深具文化意義的小學校門，在台灣大概只此一家，別無分號了。

除了文字門之外，萬丹國小校園內還有一座古董石斗，這座石斗是清領時代當地民間用以測量穀物數量的量器，原本石斗屬於地方民眾所有，但隨著台灣社會工業化，農村逐漸全面機械化，傳統社會的石斗已無實際用途，民眾本欲將石斗丟棄，萬丹校方以其歷史價值頗高，乃搬回校園裡安置，順便作為學校鄉土教學的教材。後來經人推估，這座石斗應是清朝道光年間所製，有近二百年的歷史，可說是萬丹校園中的鎮校之寶呢！

「文字門」是萬丹校園最大的特色。

從戰火中走過

以「萬巒豬腳」享譽全台的萬巒，為台灣南部重要的客家莊，也是清代南部客家自衛組織「六堆」中的一員。「六堆」原是清代朱一貴事變時，高屏地區六個客家聚落為抵禦亂軍威脅而形成的組織。事變過後，大家商議決定留下武裝自衛團練，以抵抗往後的外侮。而萬巒在此一組織中稱為「先鋒堆」，可想而知，當時地方上民風之健勇。但可別因此就認為萬巒人只懂武鬥，其實，當地文風亦極興盛，1899年便成立了第一所新式小學——萬巒國小。

🔺 萬巒國小的老川堂仍保有典雅的日治西洋建築風格。

風華川堂過

萬巒國小是萬巒地方所有的小學之母，文教地位非同小可，可惜的是，由於屏東地區歷年多水、風災，學校的校舍文物皆不易完整保存，因此，校內的歷史遺蹟已經所剩不多，唯一可窺萬巒往日風采的景物，現僅餘學校的老川堂了，只要自萬巒正門望進校園，便能見到這座日治時代建造的川堂門。

它的外觀是典型的日治拱圈建築，四面皆為層疊的弧拱門，外層採用洗石子飾面，內部則是磨石子的造型，十分古色古香。不過，據當地耆老指出，日治時代的萬巒校舍也僅此座川堂，設計的較為華麗，其餘的建築皆為樸拙簡單的斜瓦平房，所以，自然禁不起歲月的摧殘，因而陸續遭受拆除改建的命運，於是今日的拱圈川堂便成為萬巒學子們的精神堡壘。

日軍進校 師生進廟

和許多學校一樣，在戰爭期間，萬巒國小也曾經成為日軍的駐紮地。當時正值戰爭末期，東南亞戰情吃緊時，曾有大批日軍駐守屏東；或許是為了躲避美軍的空襲，日軍第十師團的司令部選定當時叫作「萬巒公學校」的萬巒國小作為駐地，於是，萬巒的師生被迫遷出校園，到附近的廟宇上課，這時，有百餘年歷史的萬巒廣善堂，便成為老師們的辦公室，而地方上的三山國王、福德祠……等地，則是學生上課的教室；而且為了安全起見，學生一律帶便當上課，且不得隨便外出，這樣在戰火下的求學歲月，如今已成為許多老校友終生難忘的記憶。

冬藏【南台灣】

溫泉鄉的回憶

車城國小日治時代音樂課的上課情形。

明鄭時代，鄭成功在台灣實施軍屯制，當時，便有軍隊進駐屏東的車城，在此地屯田開墾。清領時代，聚落居民為防止牡丹社一帶的平埔族原住民攻入，便以柴木築牆，堵住山坳缺口，因而將此地命名為「柴城」。後來居民感到木柴容易起火燃燒，於是改以牛車數十輛布陣城外，「柴城」就此改名「車城」。及至現今，高屏地區還是有很多人習慣稱之為「柴城」。由上述一連串的史事看來，便可發現車城自古就是南台灣的軍事要地。在1874年所發生的牡丹社事件中，日本人藉口琉球民眾遭牡丹社原住民殺害而大舉侵台，也是由車城登陸的。

學校小 泡湯好

　　根據史料記載，車城鄉最早的教育機構是清代官方所設的「義塾」，為專門提供給貧窮百姓免費就讀的學堂。當時，車城地區的義塾共有八所，直到清末，才開始有私人辦學的私塾出現。車城鄉的第一所小學——現今的車城國小，則是成立於1901年，當時叫做作「車城公學校」，是車城新式教育的開始。曾有一位車城國小的校友在中學入學時，報告自己畢業於車城國小時，導師回以：「什麼鄉下國小，沒聽過。」由此可見，車城在當時是個多麼小的鄉村小鎮。

師生一起泡溫泉

　　車城地區的四重溪溫泉是台灣最南端的溫泉鄉。四重溪溫泉的泉質之好是出了名的，它和北投、陽明山、關子嶺的溫泉曾並列為「台灣四大名泉」。在這裡，泉水來自溫泉村——日治時代稱做四重溪庄，當時車城校內的師生都愛來這裡「泡湯」。一位曾在車城服務過的日籍教師就回憶道，西元1936年恆春地震發生時，學校部分校舍和教師宿舍被震垮，老師們只好借住於溫泉旁的警察宿舍，一住便是兩年，這段期間天天和學生們一起坐巴士通勤，有時便邀學生來宿舍泡泡溫泉，因此建立了深厚的師生情誼，成為車城國小校史上的一段佳話。

原住民教育之始

日治時代，日人為了開發台灣山區的資源，十分在意台灣原住民的管理，對理蕃政策相當重視，連帶的，對原住民教育也就非常關心，因此，在統治台灣的隔年，便於發生「牡丹社事件」的所在地恆春，開辦了「恆春國語傳習所豬勝束分教場」，招收當地平埔族豬勝束社的原住民子弟就讀，是為台灣原住民教育機構之始。

這所「豬勝束分教場」能夠成立，與當時琅嶠（恆春）下十八番社大頭目潘文杰的協助有很大的關係。潘文杰是恆春地方史上的傳奇人物，其原為客籍漢人農民之子，但自幼便為當時豬勝束社頭目收養，並繼承養父之位成為當地原住民部落的領袖。1873年牡丹社事件日軍侵台期間，潘文杰憑著其聰明機智，以及幹練的處事手腕，調停日軍與牡丹社之間的紛爭，因此被清廷賜姓「潘」。而在日本治台之後，潘文杰又發揮敏銳的判斷力，和日本政府合作開辦國語傳習所的分教場，讓其部落子弟能夠接受新式教育，造福鄉里之功甚鉅。

這所豬勝束分教場後來升級為「傳習所」，在經歷多次學制改變後，更名為「蚊蟀蕃人公學校」，是日治時代第一所的「蕃人公學校」，也是台灣教育史上第一所原住民小學。這所「蚊蟀公學校」，其後再更名為「滿州公學校」，為現今屏東滿州鄉的「滿州國小」，所以，其在台灣教育史上具有重大意義。

高砂族教育發祥地

到滿州國小參觀，首先一定要到學校附近的「高砂族教育發祥地紀念碑」拜訪，這是日治時代日本人為了紀念在台灣創辦原住民教育四十週年而興建的，距離滿州鄉古蹟潘氏故宅不遠，為景觀極佳之處。紀念碑高約2.5公尺，寬1.2公尺，石材為花崗岩，正面刻著「高砂族教育發祥地」、「明治二十九年九月十日開始」、「滿州公學校前身」、「昭和十四年三月建之」等字樣。但因年久失修，無人維護，文字已漸剝落、毀損，直到近年滿州當地鄉公所才重新修護，還原其貌。

如果從「豬勝束分教場」算起，滿州國小至今已有百餘年的歷史，若是以蚊蟀公學校的歷史算起，則接近百歲，它不僅為滿州地區歷史最久的學校，也曾是當地唯一的一所小學，對滿州地區的文教事業貢獻良多，而滿州國小一路走來的校史發展，也是一部滿州地區的地方開發史，因此學校日治時代所編寫的沿革志，不單是學校，也成為滿州地方發展最彌足珍貴的重要歷史文獻。

位於恆春滿洲的「高砂族教育發祥地紀念碑」。

感謝 *Thank You*

本書能夠順利完成，特別感謝以下人士及各單位，熱心提供寶貴的文史資料、影像圖片和指導建議，在此致上最誠摯的謝意。（依姓氏筆劃排列）

呂　滿、林忠仁、林玫伶、林秀敏、林明輝、吳志堅
吳振勇、吳淑美、周伯岳、周壁瑩、洪文雄、姜信淇
連寬寬、徐金連、許文貴、黃明永、黃馭寰、陳文卿
陳先助、陳重光、陳徐敏、陳秋月、陳振煜、陳福順
張啟作、張瑞和、張億載、馮芳秋、傅金匙、曾秀珠
彭煥章、楊蓮福、詹正信、劉伯顯、劉曾菊、劉信卿
廖漢權、蔡玉錦、黎芳雄、鄭可偉、鄭瑞堂、鄭詩釧
謝紫經、蕭志徹

【機關單位】
台北市──士林國小、太平國小、老松國小、松山國小、
　　　　　景美國小、蓬萊國小
台北縣──八里國小、石碇國小、安坑國小、板橋國小、
　　　　　淡水國小、新莊國小、樹林國小、蘆洲國小
桃園縣──大溪國小、新屋國小
新竹縣──北埔國小、竹東國小、峨眉國小、新埔國小
新竹市──北門國小、新竹國小
苗栗縣──苑里國小、建中國小
台中縣──大甲國小、大雅國小、清水國小
台中市──大同國小
南投縣──南投國小、草屯國小、埔里國小、集集國小
彰化縣──二水國小、中山國小、永靖國小、和美國小、
　　　　　好修國小、溪湖國小
雲林縣──文昌國小、鎮西國小
嘉義市──崇文國小
台南市──立人國小、公園國小、南師實小
高雄縣──旗山國小、美濃國小
高雄市──旗津國小、舊城國小
屏東縣──車城國小、唐榮國小、萬丹國小、萬巒國小、
　　　　　滿州國小
宜蘭縣──光復國小、羅東國小
花蓮縣──明禮國小

河上洲文史工作室　　　　新竹縣立文化中心
祭祀公業林本源　　　　　嘉義二二八紀念文教基金會
國立中央圖書館台灣分館　鄧麗君文教基金會
國家台灣文學館　　　　　賴和文教基金會

圖片提供者

吳振勇──92（下左、下右）、93（上左、下）
許文貴──16（上左）
陳文卿──121（上左）、122（下左、下右）
陳重光──143、144（右）
鄭瑞堂──120（上）
謝紫經──120（下）、123（上右）
蕭志徹──172（上）

【台北市】
士林國小──12、14（下左）
太平國小──22（上、中）、23（左）、24（上右）
老松國小──16（上右）、17（上右、上左、中）、
　　　　　　19（左）、20（下）
松山國小──51
蓬萊國小──50

【台北縣】
八里國小──47（下右）
石碇國小──54（右）
安坑國小──8、37（上）、39（右上、下）、41
板橋國小──26（上右、上左、中）、27（上）、
　　　　　　28（上左）
淡水國小──53
新莊國小──29、30（上右、上左、中）、
　　　　　　32（上、下右）
樹林國小──34（上、下右）、35（上）
蘆洲國小──43（上左、下左）

【桃園縣】
大溪國小──60（下）、61（左）、
　　　　　　62（上右、中、下）、63、64（下）
新屋國小──100、121（上右）

【新竹市】
新竹國小──65（上）、66（上右、上左、中）、
　　　　　　67（下）、68（下）
北門國小──71、72（上、下）、73（上右、下）、74

【新竹縣】
北埔國小──77（中、下左、下右）、78（上）、
　　　　　　79（上）

台灣百年小學故事：聆聽56所百年老校的童年往
事 / 島嶼柿子文化館編著. --初版--
台北市：柿子文化，2004〔民93〕
面 ； 公分. --（漫步台灣系列；2）

ISBN 957-29440-1-0（平裝）
1. 小學教育 - 台灣 - 歷史

523.8232   93006302

WALKING .2 漫步台灣

台灣百年小學故事

| 編　　著 | 島嶼柿子文化館 |
| 文字整理 | 趙慶華、顏毓莉、謝昭儀、黃偉雯、林錫鑫 |

攝　　影	Vincent Lin
責任編輯	謝昭儀
文字主編	趙慶華
總 編 輯	林許文二

出　　版	柿子文化事業有限公司
地　　址	116台北市文山區公館街30之2號1樓
郵撥帳號	19822651 柿子文化事業有限公司
E-mail	persimmon888@yahoo.com.tw
服務專線	（02）89314903　　FAX（02）29319207

封面設計	莊士展
內頁構成	集雲堂美術設計有限公司
印　　刷	中原造像股份有限公司
總 經 銷	飛鴻國際行銷股份有限公司 (02)82186688

初　　版	2004年6月
定　　價	新台幣380元
ISBN	957-29440-1-0

漫步台灣 ｜ 台灣漫步

柿子在秋天火紅｜文化在書中成熟